말랑하고 쫀득~한

# 세계 지리 이야기

**DON'T KNOW MUCH ABOUT PLANET EARTH**

말랑하고 쫀득~한

# 세계 지리 이야기

**케네스 C. 데이비스** 지음 • **노태영** 옮김
**심차섭** 그림 • **송치중**(서울 미양중 사회 교사) 감수

푸른숲주니어

# 지리, 새로운 세상의 발견

길을 잃어 본 적이 있는가? 슈퍼마켓이나 놀이 동산, 해변 같은 데서 단순히 길이 엇갈려 부모님과 헤어지는 것 말고, 정말로 갈 곳을 잃어버린 채 방황해 본 적이 있는지……. 길을 잃어버린다는 것은 어쩌면 가장 나쁜 기억 중의 하나일지 모른다.

우리는 오스트리아와 오스트레일리아, 벨리제와 벨기에처럼 비슷하게 들리는 말들의 차이를 잘 구별하지 못한다. 나는 그런 말들의 차이를 구별하기 위해서 지하철 노선표나 박물관 안내도, 세계 지도, 우주 지도 같은 것들을 즐겨 본다. 내가 지금 어디에 있으며, 또 어디로 가야 하는지를 알고 싶어서 지도를 찾아보고 또 공부하는 것이다. 만약 여러분이 지금 어디에 있는지를 알고 있다면, 그 누구도 여러분에게 길을 잃었다고 말하지 못할 것이다.

이 책은 지금 우리가 어디에 있으며, 또 어떻게 거기에 가 있는지, 그리고 앞으로 어디로 가야 할 것인지를 알려 준다. 그것이 바로 지리학이란 학문이 추구하는 목표이다.

지리는 각 나라의 수도가 어디인지 외우는 것도 아니고, 강의 길이나 산의 높이가 얼마인지를 외우는 것도 아니다. 탐험가처럼 우리에게 새로운 세상을 발견하도록 해 주는 것이다. 또한 지구의 전부를 보여 줌으로써 우리에게 멀게만 느껴졌던 신비로운 세계를 활짝 열어 보인다. 그리고 여러 사람들을 만나게 해 주며, 세상 돌아가는 이치를 깨우치게 해 준다.

여러분은 귓전에서 벌레가 윙윙대는 세상을 직접 찾아가 보지 않고도, 이 책을 통해서 재미있고 흥미롭게 전 세계를 마음껏 탐험할 수 있다. 나는 여러분이 이 책에 너무 깊이 빠져들어서 헤매지 않기를 바란다.

케네스 C. 데이비스

# 차례

Don't Know Much About Planet Earth

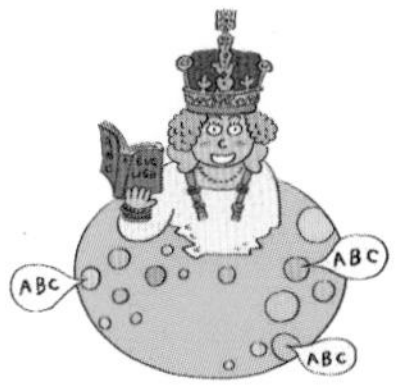

# 1

Don't Know Much About Planet Earth

# 지구가 왜 특별하지?

## 우리가 살고 있는 행성, 지구에 관한 이야기

?!

지리학

지리학은 여러 분야의 과학이 결합된 학문이다. 역사학·지질학·기상학·생물학·경제학·천문학은 물론, 여러분이 생각할 수 있는 기타 무슨무슨 '~학'이라고 불리는 학문들을 조금씩 섞어 놓은 것이라 보면 되겠다. 지리학자들은 우리가 살고 있는 이 세상이 어떻게 생겨났으며, 지금은 또 어떤 모습을 띠고 있는지를 연구하는 사람들이다.

7 8 9 10

아름다운 지구에
대해서 알아보아요!

## 처음엔 지구가 둥글지 않았다?

그렇다. 그러면 네모나게 생겼었나? 물론 그건 아니다. 가운데가 약간 불룩한 형태이긴 했지만, 비교적 둥글게 생긴 모양이었다. 그러나 그러한 형태도 완전히 처음부터 그랬던 것은 아니다. 사실 지구를 비롯한 여러 행성들은 처음에 우주의 먼지와 기체로 이루어진, 거대한 구름덩어리였다.

그런데 약 46억 년 전쯤, 별 하나가 폭발하면서 일으킨 충격파에 의해 그 구름덩어리들이 압축되기 시작했다. 아울러 그것이 회전을 거듭함에 따라 서서히 평평한 원반 모양으로 바뀌어 갔다. 원반 모양의 기체덩어리는 점점 더 압축되어, 나중에는 뜨거운 공 모양이 되었다.

그것이 바로 태양계의 탄생 과정이다. 그때까지 남아 있던 먼지와 기체들은 시간이 흐르면서 점차 더 뭉쳐지고 압축되었다. 그리고 온도도 내려가기 시작했다. 현재의 태양계를 이루며, 태양의 주위를 돌고 있는 지구와 달, 그리고 여러 행성들은 그렇게 해서 생겨났다.

## 지구가 왜 특별하지?

다 이유가 있다. 태양계에 있는 여덟 개의 행성 중에서 (우리가 아는 한) 생명체가 살고 있는 것은 지구뿐이다. 지구는 태양으로부터 세 번째 자리에 있다. 그래서 많지도 적지도 않은 적당한 양의 열을 받을 수 있으며, 여러 종류의 식물과 동물들이 살아가는 데 필요한 물이 적절한 형태—얼음, 물, 수증기—로 존재할 수 있도록 한다.

처음에 여러 행성들은 우주의
먼지와 기체로 이루어진,
거대한 구름덩어리였습니다.
펑!
46억 년 전쯤 별 하나가 폭발했고,
그에 따른 충격파에 의해
그 구름덩어리들이
압축되기 시작했습니다.
빙글빙글 회전을 반복하자
원반 모양으로 바뀌어 갔어요.
나중에 기체덩어리는 더 압축돼
뜨거운 공 모양이 되었지요.
짜잔, 지금까지 태양계의
탄생 과정이었습니다!

지구를 둘러싸고 있는 대기는 공기 담요와 같은 구실을 한다. 대기는 우리가 숨 쉴 수 있는 산소를 포함하고 있으며, 태양에서 나오는 열과 유해한 빛살로부터 우리를 보호해 준다. 그 외에도 지구를 따뜻하게 유지시켜 주는 역할을 하고 있다.

## 지구가 복숭아랑 닮았다고?

지구는 사실 복숭아처럼 생기지도 않았고, 복숭아처럼 단맛이 나지도 않는다. 그렇지만 복숭아와 닮은 점이 꽤 있다. 그중 하나를 들자면, 지구도 복숭아처럼 얇은 껍질을 가지고 있다. 이 부분이 바로 지표면이다.

지표면 바로 아래에는 복숭아의 연한 부분에 해당하는 맨틀이 있다. 맨틀은 뜨거운 암석과 마그마로 이루어진 두꺼운 층이다. 맨틀 아래에는 복숭아 씨에 해당되는, 지구의 중심부가 있다.

지구의 중심부는 외핵(액체)과 내핵(고체)으로 이루어져 있으며, 외핵이 내핵을 둘러싸고 있는 모양새를 띠고 있다. 두께는 내핵보다 외핵이 더 두꺼우며, 그 안의 온도는 매우 높다.

## 남극에서 북극까지 걸어가던 시절이 있었다?

2억 3천만 년 전에는 그럴 수 있었다. 그 시절에는 지구상의 모든 대륙이 '판게아'라고 하는 거대한 덩어리로 죽 연결되어 있었다. ('판게아'는 그리

스 어로 '모든 땅'이란 뜻이다.) 그렇다면 그 후로 지구에 무슨 일이 일어난 것일까?

지각과 맨틀 사이에는 두께가 100km 정도 되는 몇 개의 판들이 자리하고 있다(판 구조론). 이 판들의 움직임에 따라 그 위에 얹혀 있는 대륙들도 조금씩 이동을 하게 된다. 그러다 판들이 갈라지거나 충돌하는 곳에, 새로운 바다가 만들어지거나 습곡 산맥이 생겨나는 것이다.

이 판들이 1년에 단 몇 cm씩만 움직인다 하더라도 이런 움직임이 수백만 년에 걸쳐서 이어진다면? 음, 하나의 판게아를 이루고 있던 여러 대륙들이 점차 떨어지고 멀어져, 오늘날과 같은 섬과 대륙의 형태를 너끈히 갖추게 된다. 세계 지도를 자세히 들여다보면, 남아메리카와 아프리카 같은 대륙의 모서리들이 퍼즐 조각처럼 딱딱 들어맞는 것을 발견할 수 있다.

대륙들은 지금도 1년에 몇 cm씩 움직인다. 앞으로 몇 백만 년이 더 지나면, 동부아프리카가 아예 분리돼 버릴지도 모른다. 또 어쩌면 멕시코의 캘리포니아 반도가 북아메리카에서 떨어져 나갈지도.

대륙의 판들은 매우 천천히 움직이기 때문에 우리는 그것들이 움직이는 것을 몸으로 느끼지는 못한다. 그러나 판들이 서로 부딪치거나 갈라지는 곳에서는 특이한 일들이 많이 일어난다. 지진이 일어나거나 화산이 폭발하거나 산이 새로 생기거나. 그런 것을 보면 대륙의 판이 움직이고 있다는 사실을 다시금 확인할 수 있다.

실제로 알프스나 히말라야 같은 거대한 산맥은 두 개의 대륙판이 충돌했을 때, 어느 하나가 다른 판 밑으로 꺼지지 않고 서로 밀어 올리는 바람에 생겨난 것이다.

## 도대체 지진은 왜 일어나는 거지?

옛날 일본 사람들에게 지진이 왜 일어나는지 물어보라. 그들은 분명히 지하에 살고 있는 거대한 메기인 나마추가 꼬리를 내려치기 때문이라 할 것이다. 그렇다면 서아시아 지역 사람들은 지진이 일어나는 이유에 대해 뭐라고 말할까? 아마도 대번에 신의 노여움을 산 증거라고 주장할 것이다.

이런 식의 대답이 지금은 다소 신기하게 들릴지도 모른다. 우리는 지진이 일어나는 이유를 너무나 잘 알고 있기 때문이다. 지진은 대륙의 판들이 압력을 받거나 밀면서 지표면이 진동하는 현상을 일컫는다.

수평하게 퇴적된 지층이 옆으로 미는 힘을 받아 물결 모양으로 휘어지는 것을 '습곡'이라고 한다. 땅 덩어리가 힘을 받아서 휘어지거나 늘어나다가 더 이상 모양이 변하는 것을 견딜 수 없는 상태가 되면, 약한 지점에서 부서져서 틈이 생기게 된다. 이때 갈라진 틈의 양쪽에 놓인 암석이 움직여서 서로 어긋난 것을 '단층'이라고 한다.

판들이 더 이상 압력을 받지 않게 되면, 지표면에 있는 단층을 따라 갑자기 미끄러지게 된다. 그러면 바위들이 그 단층 속으로 떨어지게 되고, 그로

# 세계사에 기록할 만한 큰 지진

**▶1202년 지중해 동부**

시리아로부터 이집트에 이르는 큰 지진이 일어났다. 이스라엘과 시리아, 레바논 지역의 많은 도시들이 파괴되었다. 이 지진 때문에 약 110만 명의 사람들이 죽었는데, 역사상 가장 큰 피해라 할 수 있다.

**▶1556년 중국의 샹시 지방**

이 지진으로 약 83만 명이 죽었다.

**▶1737년 인도의 콜카타(캘커타)**

콜카타는 인구 밀도가 높아, 이 지진으로 약 30만 명이 죽었다.

**▶1811~1812년 미국의 미주리 주 뉴마드리드**

미국의 48개 주에 걸쳐서 일어난 여러 번의 지진. 다행히 이 지역에는 사람들이 거의 살지 않아서 인명 피해는 입지 않았다. 이 지진은 미국 전역의 3분의 2 정도에 걸쳐서 일어났는데, 지진파가 미시시피 강으로 전파되어 강의 흐름을 몇 군데 바꾸어 놓았다.

**▶1923년 일본의 혼슈 섬**

리히터 규모 8.3의 강진이 세 번이나 일어나 일본의 주요 섬들을 강타하였다. 도쿄와 요코하마가 이 지진으로 거의 다 파괴되었다. 약 14만 명이 죽었고, 1백만 명이 집을 잃었다.

**▶1950년 인도의 아삼**

근래 들어 가장 강력한 지진 중의 하나. 리히터 규모 8.7을 기록하였다. 2~3만 명가량의 사람들이 죽었으며, 지하의 암석들이 충돌하면서 나는 소리가 너무 커서 마치 고막을 찢는 듯하였다.

**▶1960년 칠레의 콘셉시온**

리히터 규모 9.6의 역사상 가장 강한 지진. 여섯 번에 걸쳐서 일어난 이 지진으로 도시가 모두 파괴되었으며, 수천 명이 죽었다. 또한 지진 해일로 하와이와 일본, 필리핀 등지에 살고 있는 사람들도 함께 죽었다.

**▶1964년 미국의 알래스카 주 앵커리지 근처**

북아메리카를 강타한 리히터 규모 9.2의 강진으로, 약 120명이 목숨을 잃었다. 이 지진으로 전 세계 사람들이 진동을 느꼈으며, 지진 해일은 남극 대륙 해안까지 전파되었다.

**▶1976년 중국의 탕산**

리히터 규모 8.2의 강진. 20세기에 일어난 지진 중 인명 피해가 가장 컸는데, 약 25만 명이 목숨을 잃었다.

**▶1988년 아르메니아**

리히터 규모 6.9의 지진. 약 2만 5천 명의 사람들이 죽었으며, 건물들이 많이 파괴되는 바람에 40만 명이 집을 잃었다. 이 지역은 인구 밀도가 높은 데다 고층 아파트가 많이 무너져서 인명 피해가 매우 컸다.

**▶1990년 이란 북부**

리히터 규모 7.7을 기록한 이 지진은 카스피 해 주변의 도시들을 파괴하였다. 약 5만 명이 죽었으며, 40만 명이 집을 잃었다.

**▶1995년 고베 대지진**

리히터 규모 7.2의 지진으로 간사이 지방 효고 현 남부의 고베 시를 비롯하여 한신 지방에 발생한 대지진이다. 당시 일본 관측 기록상 가장 큰 지진으로 기록되었다. 이 지진으로 6천3백여 명이 사망했고 이재민이 20만 명에 이르렀으며, 수많은 공장과 철도·도로 등 사회 기간 시설을 파괴하여 복구하는 데 많은 시간이 소요되었다.

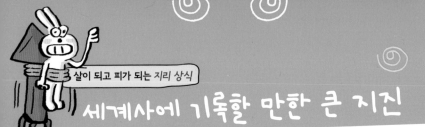

# 세계사에 기록할 만한 큰 지진

### ▶2001년 인도의 구자라트

리히터 규모 7.9를 기록한 이 지진은 인도의 서쪽 지역을 강타하였다. 그리고 파키스탄과 방글라데시, 네팔 등지에까지 전파되었다. 적어도 3만 명이 죽었으며, 6만 명이 부상당했다. 그 외에도 지진에 견딜 수 있도록 설계되지 않았던 많은 고층 빌딩이 무너졌으며, 약 1백만 명의 사람이 집을 잃었다.

### ▶2008년 중국 쓰촨 성 지진

리히터 규모 8.0의 지진으로 사망자 7만여 명, 실종자 1만 8천여 명, 중상자 37여만 명에 이르는 큰 지진이었다. 이 지진으로 댐에 금이 갔으며, 산사태로 흘러내린 토사가 계곡을 메우면서 일시적으로 댐을 형성하는 바람에 호수가 만들어졌다. 이 댐은 일시적으로 물을 가두고 있는 것이기 때문에 혹시라도 무너질 경우엔 2차 피해가 심각할 것으로 예상된다.

### ▶2010년 아이티 대지진

리히터 규모 7.0의 지진으로 수도 포르토프랭스를 관통하며 도시 전체를 초토화시켰다. 더구나 세계 최빈국인 아이티를 덮치면서 피해 규모는 더욱 커졌다. 실제 사망자는 22만 명을 넘었고, 부상자 수도 25만 명을 훌쩍 넘었다.

### ▶2011년 동일본 대지진

리히터 규모 9.0의 대지진으로 1995년 고베 대지진의 180배의 위력을 가졌으며, 지진 역사상 네 번째로 강력한 지진으로 기록되었다. 지진 이후 발생한 쓰나미로 2차 피해가 나타났고, 원자력 발전소를 덮치며 방사능 누출 사고가 연이어 터지면서 일본은 물론 인접 국가들에 방사능 공포를 심어 주었다. 실종자가 2만여 명, 이재민이 33만에 이르는 것으로 집계되었다.

인한 충격이 충격파가 되어 바깥쪽으로 밀려 나온다. 즉 땅이 물결처럼 출렁이면서 올라갔다 내려갔다 하는 것이다.

여기서 알아 둘 것 하나. 지진 관련 기사들을 살펴보면 '진원'과 '진앙'이라는 말을 자주 볼 수 있다.

'진원'은 지구 내부에서 최초로 지진이 발생한 지역을 가리킨다. 대개 지하 50~60km 부근이다. '진앙'은 진원의 바로 위 지표면 지점으로, 진원지라고도 한다. 규모가 큰 지진일수록 진앙의 범위가 넓어진다. 보통 지진의 피해가 가장 큰 지역이다. 일반적으로 진앙에서 흔들림이 가장 세고, 진앙에서 멀어질수록 흔들림이 약해진다.

## 해일을 몰고 오는 것은?

해와 달의 인력에 의하여 주기적으로 바닷물이 밀려오고 쓸려 나가는 현상을 '조수'라고 한다. 물이 밀려 들어올 때를 '만조'라 하고, 반대로 물이 빠져나갈 때를 '간조'라 한다. 해일이 일어날 때는 대부분 물이 밀려 들어오는 만조가 된다.

그러나 알고 보면 해일은 조수와 아무런 상관이 없다. 오히려 지진과 관련이 있는 편이다. 바다 밑에서 일어나는 지진은 거대한 파도를 만들고, 그것을 빠르게 이동시켜 해일을 일으키기 때문이다.

## 지진의 규모와 진도?

지진의 크기를 대표하는 수치로, 절대적 개념의 '규모'와 상대적 개념의 '진도'가 사용되고 있다.

'규모(Magnitude)'란 지진 자체의 크기를 측정하는 단위이다. 1935년 이 개념을 처음 도입한 미국의 지질학자 리히터의 이름을 따서 '리히터 규모'라고도 한다.

지진의 규모는 지진파 때문에 발생한 총 에너지의 크기로서, 계측 관측에 의하여 계산된 객관적 지수이다. 지진계에 기록된 지진파의 진폭이나 주기, 진앙 등을 모두 계산해서 산출한다.

예를 들어, M 5.0이라고 표현할 때 M은 규모(Magnitude)를 의미한다. 그 다음의 수치는 소숫점 아래 한 자리까지 나타낸다. 규모 1.0의 강도는 60t 짜리 폭약의 힘에 해당하는데, 규모가 1.0 증가할 때마다 에너지는 30배씩 늘어난다. 강도 6의 지진은 강도 5의 지진보다 30배 이상 강력하고, 강도 4의 지진보다는 900배가량 강력하다.

- 3.5 미만 : 거의 느끼지 못하지만 기록은 된다.
- 3.5~5.4 : 가끔 느껴지면서 미약한 피해가 있다. 창문이 흔들리고, 창턱이나 책상 위에 얹어 놓은 물건들이 떨어진다.
- 5.5~6.0 : 건물에 약간의 손상이 생긴다. 벽에 균열이 생기며, 서 있기가 곤란하다.
- 6.1~6.9 : 사람이 사는 곳이 파괴될 수 있다. 집이나 건물의 30% 이

하가 파괴된다.

- 7.0~7.9 : 주 지진. 큰 피해를 야기한다. 집이나 건물이 파괴되고, 다리가 부서지며, 산사태가 일어난다. 지각에도 균열이 생긴다.
- 8 혹은 그 이상 : 거대한 지진. 마을 대부분이 파괴된다.

'진도(Seismic Intensity)'란 특정 장소에서 감지되는 진동의 세기를 말한다. 즉 하나의 지진일 경우, 규모는 같더라도 진도는 장소에 따라 달라질 수 있다.

진도는 각 나라의 사회적 여건과 구조물의 차이점을 고려하여 설정한다. 세계적으로 통일되어 있지 않으며, 각 나라마다 실정에 맞는 척도를 채택하고 있다.

국제적으로 '규모'는 소숫점 위의 아라비아 숫자로 표기하고, '진도'는 정수 단위의 로마 숫자로 표기하는 것이 관례이다. 이를테면 '규모 5.6 진도 IV'와 같이 표기하는 것이다. 따라서 '리히터 지진계로 진도 5.6의 지진'은 틀린 표현이다. '리히터 규모 5.6의 지진' 또는 단순히 '규모 5.6의 지진'이라 표현해야 옳다.

**화산대**

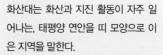

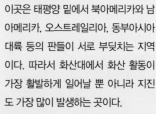

화산대는 화산과 지진 활동이 자주 일어나는, 태평양 연안을 띠 모양으로 이은 지역을 말한다.
이곳은 태평양 밑에서 북아메리카와 남아메리카, 오스트레일리아, 동부아시아 대륙 등의 판들이 서로 부딪치는 지역이다. 따라서 화산대에서 화산 활동이 가장 활발하게 일어날 뿐 아니라 지진도 가장 많이 발생하는 곳이다.
화산대는 인구 밀도가 높은 중국 동부와 일본, 러시아 동부, 오세아니아, 알래스카, 미국 서부 등의 해안에 걸쳐 있다. 이 지역의 땅들은 언제 흔들릴지 아무도 예측할 수 없다.

## 지진이 일어나면 지구가 사람들을 삼켜 버리기도 할까?

그런 일은 거의 일어나지 않는다. 땅이 갈라지는 바람에 사람들이 그 틈새로 마구 떨어지고, 나중에 땅이 다시 붙어서 마치 지구가 사람을 삼켜 버리는 것과 같은 상황이 벌어지는 경우는 드물다.

지진을 관측한 이래로 사람이 땅속으로 떨어져 죽은 예는 딱 한 번뿐이다. 1948년 일본에서 일어난 지진에서 우연히 한 여자가 땅속에 떨어져 죽은 일이 있다. 그 외에 1906년 미국 샌프란시스코에서 일어난 지진에서 젖소 한 마리가 땅속으로 떨어진 적은 있다.

그렇다면 지진이 일어났을 때, 많은 희생자가 생기는 이유는 무엇일까?

그것은 대부분 지진으로 붕괴된 건물로 인해 사고를 당하거나, 아니면 지진으로 발생한 화재 때문에 피해를 입는 경우이다.

지리에 관한 한마디

"시꺼먼 구름 떼가 뒤쪽에서 다가와, 마치 홍수가 난 것처럼 땅을 뒤덮어 버렸다. 건물들은 마치 기둥이 뽑힌 것처럼 이리저리 흔들거렸다. 점점 더 뜨거운 재가 많이 날아들었고, 또 불에 그은 돌덩어리와 시커먼 바위가 뒹굴었다. 나는 마치 눈이 세상을 하얗게 뒤덮은 것처럼 잿더미로 뒤덮인 이곳을 햇빛이 다시 비춰 주길 희망했다."

–로마의 정치가 소(小)플리니우스는 79년 베수비오 산의 화산이 폭발할 때, 나폴리 근처의 한 도시에 머무르고 있었다. 그때 그는 열일곱 살이었는데, 자신이 목격한 장면을 생생하게 기록하였다.

## 잠자고 있던 화산도 폭발할까?

잠자고 있는 화산, 즉 화산 활동을 잠시 중단하고 있는 휴화산은 폭발하지 않는 것이 일반적이다. 하지만 이따금 폭발을 하는 경우가 생기기도 한다. 지구상에 있는 2천5백여 개의 화산들은 대부분 휴화산이거나 사화산(화산 활동을 더 이상 하지 않는 죽은 화산)이다. 1천5백여 개의 활화산(활발히 화산 활동을 할 수 있는 화산)은 대부분 태평양 연안을 따라 분포한 화산대에 위치하고 있다.

살이 되고 피가 되는 지리 상식

# 역사상 유명한 화산 폭발

### ▶ 기원전 1480년 지중해의 티라 섬

강력한 화산 폭발로 티라 섬(한때는 산토리니 섬이라고 불렸다.)의 일부분이 사라지고, 약 305m 크기의 화산 분화구가 생겼다. 이 화산 폭발로 생긴 화산재와 비, 지진 해일 등으로 인해 키클라데스 문명(크레타 인이 가져온 크레타 문명이 더 발전해서 이루어진 문명)이 사라져 버렸다. 그리고 신들에 의해 파괴되었다는 아틀란티스 섬의 전설이 생겨났다.

### ▶ 79년 이탈리아의 베수비오 산

폼페이란 도시의 최후에 대해 들어 본 적이 있다면, 그 이유가 베수비오 산의 화산 폭발 때문이라는 사실도 알고 있을 것이다. 베수비오 산의 화산 폭발로 찬란했던 로마 문명과 헬레니즘 문명이 재로 뒤덮여 버렸다. 1만 6천여 명의 사람들이 화산 폭발로 생긴 가스 때문에 질식해 죽었으며, 산 채로 화산재와 바위 더미에 깔려 목숨을 잃었다. 1749년 폼페이가 발굴되었을 때, 그 도시의 유물과 사람들은 화산재에 덮인 채 완벽하게 보존되어 있었다. 여러분이 마음만 먹는다면, 폼페이를 찾아가 발굴이 끝난 그 도시의 일부분을 직접 눈으로 볼 수도 있다.

### ▶ 1815년 인도네시아의 탐보라 산

탐보라 산의 화산 폭발은 지금까지 기록된 화산들 중에서 가장 규모가 컸다. 하늘은 화산재로 뒤덮여 시커멓게 되었고, 3일 동안 그 상태가 계속되었다. 꼬박 1년이 지난 후에도 화산재가 여전히 하늘에 남아서 햇빛을 가렸다. 그 바람에 뉴잉글랜드와 캐나다같이 멀리 떨어진 지역에서도 '여름이 없는 1년'을 보내게 되었다. 6월과 7월, 8월 내내 눈과 서리가 내렸다. 약 9만 명의 사람들이 죽었는데, 대부분은 화산 폭발 때문이 아니라 화산 폭발 후에 굶거나 병에 걸려서였다.

### ▶ 1883년 인도네시아의 크라카타우

인도네시아의 크라카타우 섬은 세 번의 큰 화산 폭발로 생겨났는데, 근대사에서 가장 큰 화산 활동으로 기록돼 있다. 이 폭발로 높이 약 40m의 지진 해일이 일어나, 3만 6천

명가량의 사람들이 물에 빠져 죽었다. 뿐만 아니라 여러 번에 걸쳐 생긴 화산 먼지와 화산재 구름이 하늘을 자욱하게 뒤덮었다. 폭발음은 4,828km나 떨어진 곳에서도 들을 수 있을 만큼 우렁차서, 역사상 가장 큰 폭발음으로 기록되어 있다.

### ▶ 1980년 미국의 세인트헬레나 산

1980년 워싱턴 주의 세인트헬레나 산에서 화산이 폭발했다. 이것은 123년 만에 다시 터진 것이었다. 화산의 폭발 규모가 얼마나 컸던지, 그 산의 북쪽 기슭이 모두 사라져 버리고 말았다. 인명 피해는 61명 정도밖에 되지 않았지만, 동물과 식물들이 엄청난 피해를 입었다. 그러나 현재 이 지역은 완벽하게 생태계가 복구되어 벌레와 물고기, 새, 사슴을 비롯한 여러 동식물들이 다시 살고 있다.

### ▶ 1985년 콜롬비아의 네바다델루이스

눈으로 덮여 있던 네바다델루이스 산에 화산 폭발이 일어났다. 얼음덩어리가 녹아내리고, 화산재와 암석들이 뒤범벅이 되어서 큰 산사태가 일어났다. 이 산사태로 화산 아래 지역에 있던 도시가 묻혔으며, 2만 3천 명이 넘는 사람들이 목숨을 잃었다.

### ▶ 2010년 아이슬란드의 에이야프얄라요쿨 화산

이 화산은 2010년 4월 14일에 폭발했는데, 1823년에 휴지기에 들어간 지 200여 년 만에 용암 분출과 함께 초당 750t의 화산재를 배출하였다. 이 때문에 유럽 전역의 항공기 운항이 금지되기도 하였다.

### ▶ 백두산 화산 폭발

백두산 화산의 대폭발은 천 년마다, 소규모 화산 활동은 200~300년마다 발생했다고 전한다. 소규모 활동은 1413년, 1597년, 1688년, 1702년으로, 마지막 화산 활동은 1903년으로 기록되어 있다. 백두산은 아직 활화산으로 화산 폭발의 위험성이 경고되고 있으며, 만약 폭발을 한다면 아이슬란드 화산의 10배~100배, 최고 1,500배의 위력이 있을 것이라 추정된다. 중국, 러시아, 북한, 일본, 우리나라 등 동북아시아가 그 위험에 고스란히 노출될 것으로 예측하고 있다.

## 산의 나이는 어떻게 알 수 있을까?

산의 모양을 보고 알 수 있다. 산은 나이가 많으면 많을수록 봉우리의 모양이 더 둥글게 된다. 처음엔 톱니 모양으로 뾰족뾰족하던 봉우리가, 시간이 지나면서 비나 바람, 얼음 따위에 깎이고 깎여서 침식되기 때문이다.

반대로 히말라야 산맥 같은 아시아의 젊은 산들은 아직도 바위가 많아 울퉁불퉁하고 험하다. 지금은 나이가 많아 둥글고 완만한 모양을 하고 있는 북아메리카 동쪽의 애팔래치아 산맥도, 예전에는 히말라야 산맥처럼 뾰족뾰족한 모양을 하고 있었다.

## 지구는 왜 푸르게 보일까?

'푸른 행성'으로 불리는 지구는 3분의 2 이상이 물로 덮여 있기 때문이다. 실제로 지구 표면에는 땅보다 물이 더 많다. 그런 의미에서 본다면, 행성은 지구('땅'이라는 뜻)라 부르는 것보다 바다를 뜻하는 말로 부르는 것이 더 정확하다.

물은 수십억 년 전 생명이 시작된 곳이다. 지구상에 살고 있는 약 97%의 생물이 바다 속에 있다. 과학자들은 지금도 바다 깊숙한 곳에, 우리가 아직 보지 못한 수천만 종의 생물들이 있을 것이라 짐작하고 있다.

## 세계의 바다 : 나는 누구일까?

■ 나는 세계에서 두 번째로 큰 바다이다. 나의 몸 한쪽은 유럽과 아프리카에 닿아 있고, 다른 한쪽은 아메리카 대륙에 접하고 있다. 그래서 수많은 해상 운송 활동이 내 몸 위에서 일어나고 있다. 전 세계에서 잡히는 물고기들의 대부분이 바로 내 몸 속에서 잡힌다 해도 과언이 아니다. 수많은 강들이 내 몸 속으로 흘러들기 때문에, 나는 다른 바다보다 염분의 함량이 적은 편이다.

대서양

■ 나는 세계에서 가장 넓고 깊은 바다이다. 내 몸은 지구상의 모든 육지를 다 합한 것보다 더 넓다. 나의 해저는 10,920m이다. 내 몸 가장 깊은 곳에는, 지구에서 제일 낮은 땅이라 할 수 있는 마리아나 해구의 비티아즈 해연이 있다.

나는 수많은 섬들을 가지고 있다. 이 섬들 중 상당 부분이 화산대에 속해

살이 되고 피가 되는 *지리 상식*

# 세계에서 가장 높은 산들

모든 대륙에는 산이 있다. 심지어는 깊은 바다 속에도 산이 있다. 실제로 세계에서 가장 높은 산은 태평양 바다 밑에 있다. 하와이의 마우나 키아 화산의 높이는, 바다 밑바닥에서부터 치면 10,203m에 이른다. 그러나 수면 위로 보이는 부분은 고작 4,205m에 불과하기 때문에 세계에서 가장 높은 산이라 하지는 않는다.
세계에서 가장 높은 봉우리는 대부분 히말라야 산맥에 있다. 가장 높은 산봉우리 10개 중에서 9개가 히말라야 산맥에 있기 때문이다. 아래에 각 대륙에서 가장 높은 산들을 나타내 보았다.

| 산 | 대륙 | 국가 | 높이 |
|---|---|---|---|
| 에베레스트 | 아시아 | 중국, 네팔 | 8,848m |
| 아콩카과 | 남아메리카 | 아르헨티나 | 6,960m |
| 매킨리 | 북아메리카 | 미국(알래스카) | 6,194m |
| 킬리만자로 | 아프리카 | 탄자니아 | 5,895m |
| 엘브루스 | 유럽 | 러시아 | 5,642m |
| 빈슨 대산괴 | 남극 | | 4,897m |
| 코지어스코 | 오스트레일리아 | | 2,228m |

최근에는 카라코람 산맥(인도 북부)의 K2가 세계에서 제일 높다는 측정치(8,886m)가 나온 적이 있다. 산을 측량할 때는 삼각 측량을 하는데, 사람의 눈에 의지해야 하는 측량법이어서 기후에 따라 많은 영향을 받는다. 그 때문에 산의 높이가 그때그때 변하기도 한다. 그뿐 아니라, 산맥 중에는 계속 융기를 하는 것도 있어서 높이가 달라지는 경우도 있다. 말하자면 지구가 살아 있기 때문에 산도 계속 움직인다고 할 수 있다.

있다. 내 이름은 탐험가 페르디난드 마젤란이 지었다. 다행히도 날씨가 좋을 때 내 몸 위를 지나간 까닭에 '평화'란 뜻을 지닌 말로 이름 붙였다. (그가 나의 사나운 태풍을 만나지 않은 것은 정말로 행운이었다.) 태평양

■ 나는 세 번째로 큰 바다이다. 내 몸의 대부분은 적도 남쪽에 있다. 남아시아와 아프리카, 오스트레일리아에 닿아 있으며, 남쪽으로는 남극 대륙까지 뻗어 있다. 하지만 북반구에서 육지로 막혀 있어 북극까지 뻗어 있지는 않다. 대개 섬들로 이루어진 나라들이 내 몸 위에 있다. 태평양, 대서양과 함께 세계 3대 대양으로 꼽힌다. 인도양

■ 나는 가장 작고 얕은 바다이다. 거기다 지구의 맨 꼭대기에 있는 셈이어서, 1년 내내 얼음으로 감싸여 있다. 북극해

## 바다와 달은 서로 사랑하는 사이?

꼭 틀린 말은 아니다. 달과 바다가 직접 사랑을 나눈다는 뜻은 아니지만, 달과 바다 사이에는 인력이 있어서, 달이 바다를 계속 끌어당기고 있기 때문이다. 이것이 바로 조수가 생기는 이유이기도 하다.

바다의 수면은 12시간마다 올라갔다 내려갔다를 반복한다. 이러한 현상은 바다에 있는 물이 달의 인력으로 끌려가기 때문에 생겨난다. (태양도 인

력을 가지고 있지만, 상대적으로 영향력이 작다.)

달이 바다의 바로 위에 있게 되면, 그 지점의 물은 달 쪽으로 이끌려 간다. 그것을 '만조'라 부른다. 이와 똑같은 만조가 지구의 반대편에서도 일어난다. 그리고 만조가 일어나는 양쪽 사이의 바다에서는 간조가 일어난다. '간조'는 해수면이 낮아지는 현상을 말한다.

## 바다에도 강이 있을까?

물론 있다. 다만 바다에 있는 강은 강이라 하지 않고 '해류'라 부른다. 해류는 바다를 따라서 흐르거나, 그 표면 위를 흐르는 물결을 가리킨다. 해류는 바다에서 온도가 높은 물과 낮은 물을 섞어 주는 역할을 하며, 육지의 기후와 물 속의 생태계에 큰 영향을 끼친다.

'한류'는 차가운 해류를 말한다. 한류가 지나가는 해안은 날씨가 춥고 건조하다. 반면에 따뜻한 해류는 '난류'라고 한다.

난류가 흐르는 곳은 날씨가 따뜻하고 습하다. 지구상에서 해류의 영향으로 나타나는 날씨의 형태는 꽤 여러 가지가 있다. 그중에서 엘니뇨 현상에 대해 잠시 살펴보자.

엘니뇨는 남아메리카의 서부 해안에서 일어나는 해류의 변화 때문에 생겨나는 현상이다. 특히 10년에 한 번씩, 주로 12월에 강하게 발생한다. (엘니뇨는 대체로 12월에 나타나기 때문에, '아기 예수'를 뜻하는 말을 따서 이름을 지었다.)

'아기 예수'를 뜻한다고 해서, 엘니뇨가 무슨 크리스마스 선물이라도 가져다주는 것으로 생각해서는 안 된다. 오히려 엘니뇨는 차가운 바닷물을 따뜻한 물로 바꿔 주기 때문에 날씨를 급격히 변화시켜 가뭄이나 홍수, 태풍 등과 같은 자연 재해를 많이 일으킨다. 엘니뇨는 주로 태평양 동부에서부터 시작된다. 그런데 지구 전체의 4분의 3에 영향을 끼칠 만큼 날씨에 큰 변화를 가져온다.

## 바다의 주인은 누구?

바다에 접하고 있는 나라들은 해안에서 12해리(19km)까지 배타적으로 지배할 권리를 가진다. 또한 200해리(322km)까지는 경제 수역이라 하는데, 이 구역에서 물고기를 잡을 수 있는 조업권과 석유를 탐사할 수 있는 해저 탐사권을 가질 수 있다. 경제 수역을 넘어선 다음부터는 주인 없는 바다가 된다.

바다를 누가 가지건 무슨 상관이냐고 물어보는 친구가 있을지도 모르겠다. 하지만 거기에는 생각보다 아주 중요한 문제가 걸려 있다. 바다에는 엄청난 양의 석유가 매장되어 있는 데다 천연자원까지 넘쳐흐르고 있어서 대부분의 사람들은 그 바다가 누구의 소유인지 무척 알고 싶어 한다.

## 7대 바다가 뭐지?

수백 년 전 바다를 항해했던 사람들이 있다. 그들은 우리가 지금 바다라 부르거나 그 바다의 일부라고 생각하고 있는 7개의 바다에 나름대로 이름을 붙여 놓았다. 말하자면 북극해, 인도양, 북태평양, 남태평양, 북대서양, 남대서양, 남극해 등등…….

만약 여러분이 그 당시에 이 7개의 바다를 모두 항해했다면 전 세계를 여행한 것과 마찬가지다. 그런데 요즘에 지도를 만드는 사람들은 '해(海, 바다)'라는 말을 매우 즐겨 사용한다. 육지로 완전히 둘러싸이거나 부분적으로 둘러싸인 곳뿐만 아니라, 대양의 일부분까지도 '해'라는 명칭을 사용하고 있다.

가령, 동해(태평양 서쪽에 있는 바다로 한국, 러시아의 연해주, 사할린 섬, 일본 열도 등으로 둘러싸여 있다.)나 지중해(대서양에 연결되어 있지만, 대부분 육지로 둘러싸여 있다.)처럼.

## 바다와 호수의 공통점은?

바다와 호수는 둘 다 육지에 둘러싸여 있다는 점에서 공통점을 가진다. 하지만 호수의 물은 대개 염분이 없는 담수이다. 그러나 아시아 남서부에 있는, 세계에서 가장 큰 호수는 주변이 모두 육지로 둘러싸여 있지만 소금기가 있어서 카스피 해라 불린다.

세계에서 가장 큰 담수 호수는, 북아메리카의 오대호(휴런과 온타리오, 미시간, 이리, 슈피리어 등 다섯 개의 호수로 이루어져 있다.) 중 하나인 슈피리어 호다. 세계에서 가장 깊은 호수는 러시아 북쪽에 있는 바이칼 호이다. 이 호수는 오대호에 속한 호수의 물을 다 합한 것보다 더 많은 물을 보유하고 있다.

## 사해는 죽은 바다일까?

사해는 사실 바다가 아니다. 바다로 불리기는 하지만, 호수와 혼동하여 잘못 불리는 예 중 하나이다. 사해는 이름 그대로 죽은 바다(死海)이다. 이 '죽은 바다'는 염분의 농도가 매우 높아서 미생물을 제외한 그 어떤 생물도 살지 못한다.

염분은 사해 주변의 광물질에서 나온다. 하지만 사해와 연결된 강이 없기 때문에 이 염분이 다른 곳으로 이동할 수도 없다. 게다가 이 지역의 온도가 상당히 높아서 물이 아주 빠른 속도로 증발해 버린다. 염분의 농도가 더욱더 진해질 수밖에 없다. 염분의 농도가 얼마나 높은지, 여기서 수영을 하게 되면 몸이 아주 쉽게 떠오른다.

## 해협은 어째서 중요한 관문이라고 할까?

해협은 두 개의 큰 바다를 연결시켜 주는 좁은 수로를 의미한다. 많은 해협들은 무역과 여행을 위한 통로로 이용되기 때문에 전략적으로 매우 중요한 의미를 지닌다. 해협을 지배하는 나라만이 다른 나라의 배가 그 해협을 지나갈 수 있는지 없는지를 결정할 수 있다. 그것은 엄청난 권력에 해당된다.

예를 들어, 여러분의 학교에서 식당으로 가는 길이 하나밖에 없다고 생각해 보라. 그럴 리 없겠지만, 만약에 그 길을 지배하고 있는 사람이 통행료를 요구한다면……? 가만히 앉아서 엄청난 돈을 벌게 될 것은 두말할 필요가 없다.

세계에서 가장 유명한 해협 중의 하나인 지브롤터 해협은, 지중해와 대서양을 연결시켜 주는 길목에 있다. 이곳은 지중해 연안의 여러 도시와 문명의 입구에 해당한다.

최근 들어 중요성이 더욱 커지고 있는 해협은, 바로 페르시아 만 해역과 인도양을 이어 주는 호르무즈 해협이다. 페르시아 만 해역 주변의 많은 나라들이 석유를 수출할 때 이 해협을 통과하지 않으면 안 되기 때문이다.

만약 이 수로를 이용하여 석유를 수출할 수 없게 된다면, 그들이 돈을 벌지 못하게 될 뿐 아니라 석유 수입국들도 석유 없이 지내야 하는 답답한 상황에 처하게 될 것이다.

1. 대양은 큰 바다를 뜻한다. 그렇다면 지구에는 대양이 몇 개나 있을까?

① 1개 ② 4개 ③ 5개 ④ 7개

2. 강은 무엇과 같다?

① 스프링쿨러 ② 물 탱크 ③ 수산 시장 ④ 세탁기
⑤ 고속 도로 ⑥ 위에 나열된 모든 것

3. 대륙의 판이 충돌하면서 일으키는 결과를 서로 짝이 맞도록 연결하라.

| | |
|---|---|
| ① 두 판이 서로 충돌하여 위로 솟아오른다. | ㉠ 화산 폭발 |
| ② 한 판이 다른 판 밑으로 미끄러져 내려가 녹은 다음 두 판 사이에서 폭발한다. | ㉡ 지진 |
| ③ 두 판이 서로 부딪치면서 압력을 받아 지구 표면이 흔들리고 움직인다. | ㉢ 산의 생성 |

**문제 1번의 정답)** ②

그러나 ①이라 했더라도 맞는다. 전 세계가 모두 바다로 연결되어 있기 때문에 하나의 거대한 바다라 해도 틀린 말은 아니다. 그러나 편의상 전 세계의 바다를 4개의 대양으로 나누어 각각 태평양, 대서양, 인도양, 북극해라고 부른다.

**문제 2번의 정답)** ⑥

강은 이렇듯 여러 가지 특징을 지니고 있다. 그래서 여러분이 조금만 도와준다면 더러워진 접시와 옷, 그리고 여러분의 몸 등을 깨끗하게 해 줄 수도 있다. 뿐만 아니라 강은 여러분에게 물고기와 해산물 따위들을 제공해 주기도 한다. 곡식을 키울 기름진 땅을 제공해 주고, 또 사람과 물건을 실어 나를 수 있는 길이 되어 주기도 한다.

최초의 인류 문명과 도시도 강을 따라서 발생했다. 바로 아프리카의 나일 강, 아시아의 티그리스 강, 메소포타미아의 유프라테스 강, 중국의 황허 유역에서 문명과 도시가 발달했으니까.

**문제 3번의 답)** ① = ㉢, ② = ㉠, ③ = ㉡

2

Don't Know Much About Planet Earth

# 1년 내내 여름 방학을 해야 하는 곳은?

## 우리의 삶과 떼려야 뗄 수 없는 날씨와 기후, 환경 이야기

### ?! 날씨와 기후

'날씨'와 '기후'라는 말은 종종 혼동되어 사용된다. 여러분이 만약 큰 폭풍이 몰아치고 눈이 10cm가량 쌓였다고 말한다면 날씨에 대해 얘기하고 있는 것이다. 그러나 여러분이 제주도는 겨울에도 비교적 따뜻하다고 말한다면 그것은 시간에 따른 날씨의 변화 방식, 즉 그 지역의 기후를 설명하고 있는 것이다.

와~,
여름 방학이다!!
와우, 여름 방학?
완전 부럽다.

### 오스트레일리아 학생들은 12월과 1월에 여름 방학을 한다?

오스트레일리아는 우리나라와 반대되는 곳에 있기 때문에 기후 또한 반대로 나타난다. 그래서 우리나라에선 가장 추운 때라고 할 수 있는 12월과 1월에 여름 방학을 한다.

지구는 피사의 사탑처럼 비스듬히 기울어진 채로 태양의 주위를 돌고 있다. 태양을 향해 기울어진 곳은 햇빛을 더 많이 받기 때문에 더운 여름철이 된다. 반대로 태양에서 먼 쪽은 햇빛을 덜 받기 때문에 겨울철이 된다. 오스트레일리아는 지구의 남쪽, 즉 남반구에 있기 때문에 그 반대 방향에 있는 아시아나 북아메리카, 유럽 등과는 정반대의 기후를 나타낸다.

## 서울과 샌프란시스코의 날씨는 왜 다를까?

그것은 두 도시 주변에 있는 땅과 물의 분포가 다르기 때문이다. 서울과 샌프란시스코는 지구를 남반구와 북반구로 나누는 상상의 선, 즉 적도에서 북쪽으로 비슷한 위치에 있다. 그렇지만 샌프란시스코가 서울보다 더 습하고 서늘하다.

기후는 난류와 한류의 흐름이 가까이 있는지, 또 근처에 비바람을 막아 줄 산이 있는지와 같은 지리상의 요인에 의해 좌우된다. 기후학자들은 세계의 각 지역을 기후에 따라 열대 지방, 건조 지방, 온대 지방, 극지방 등으로 구분하고 있다.

많은 사막 지역이 건조 지방에 해당되고, 열대 지방이 우림 지대(비가 많이 오고 숲이 우거진 곳)에 속한다. 온대 지방은 날씨가 온난하며, 적당량의 비가 오는 지역을 가리킨다.

## 1년 내내 여름 방학을 해야 하는 곳은?

바로 열대 지방이다. 열대 지방은 적도 근처의 지역을 일컫는다. 이곳에서는 1년 내내 태양빛이 따갑게 내리쬐고 있어서 어느 계절이나 상관없이 뜨겁다.

그러나 1년 내내 덥다고 1년 내내 방학을 할 수는 없는 노릇! 결국 이곳 학생들도 온대 지방의 학생들처럼 1년 중 대부분의 시간을 학교에서 보내지 않으면 안 된다.

# 세계의 유명한 사막

**▶북아프리카의 사하라 사막**

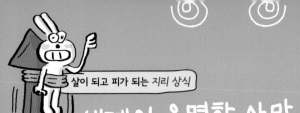

세계에서 가장 뜨거운 사막이다. 넓이가 8,999,600$km^2$이며, 모래와 돌로 덮여 있다.

**▶남극 대륙**

극지방의 냉대 사막 중 가장 큰 사막으로, 넓이가 13,208,000$km^2$이다. 얼음으로 덮여 있지만, 아주 드물게 눈이나 비가 오기도 한다.

**▶몽골과 중국의 고비 사막**

세계에서 두 번째 큰 사막으로, 가장 북쪽에 위치해 있다.

**▶아라비아 반도의 네푸드 사막과 룹알할리 사막**

이 사막들 밑에, 세계에서 가장 많은 석유가 매장되어 있다.

**▶오스트레일리아의 사막 지역**

이 사막 지역은 오스트레일리아 대륙의 절반 정도를 차지하고 있는데, 대부분은 내륙 지방에 위치하고 있다.

**▶미국 남부 캘리포니아의 모하비 사막**

미국에서 가장 큰 사막이다. 북아메리카 최고 온도인 섭씨 57℃를 기록했다.

**▶칠레의 아타카마 사막**

1년 강우량이 0.5mm이다. 세계에서 가장 건조한 사막으로, 목이 바싹바싹 탈 정도로 비가 적게 내린다.

## 겨울에 눈싸움은 아무나 하나?

아무나 할 수 없다. 기후가 받쳐 줘야 하니까. 눈싸움은 항상 더운 열대 지방과 항상 추운 극지방 사이에 있는 온대 지방에서만 할 수 있다. 중위도 지역에 있는 온대 지방에도 계절의 변화가 있기는 하지만, 극도로 덥거나 춥지는 않다. 온대 기후 지역은 살기가 편하며, 농업과 산업에 적합하다. 우리나라와 유럽, 남부 오스트레일리아, 미국, 중국 등이 여기에 해당한다.

## 사막(desert)과 후식(dessert)의 공통점은?

우리가 식사 후에 먹는 후식은, 뜨거운 것도 있고 차가운 것도 있다. 그처럼 사막도 뜨거운 사막이 있고 차가운 사막이 있다. 사막은 1년에 강수

량이 250mm 이하인 곳을 일컫는다. 그러므로 사막 지역이 반드시 더운 지역에 있어야 하는 것은 아니다. 늘 건조하긴 하지만…….

실제로 남극 대륙은 표면이 얼음으로 덮여 있음에도 불구하고, 눈이 거의 오지 않기 때문에 냉대 사막으로 분류된다. 그렇지만 대부분의 사막은 적도의 바로 남쪽이나 북쪽에 있어서 온대 사막으로 분류된다. 아프리카의 사하라 사막은 섭씨 58°C의 온도를 기록한 적이 있다.

**사막**

사막이 꼭 더워야 할 필요는 없기 때문에 반드시 모래로 덮여 있어야 할 필요도 없다. (실제로 모든 사막이 다 모래 사막인 것은 아니다.)
사하라 사막도 단지 30%만이 모래로 덮여 있다. 그 나머지는 자갈로 덮여 있다. 그 외의 사막들도 대부분은 돌로 덮여 있다.

## 열대 우림 지역에서 농사를?

농사를 계속 짓고 싶다면, 열대 우림 지역으로 가서는 안 된다. 물론 남아메리카나 아프리카 같은 열대 우림 지역에도 많은 동물들과 열대 식물들이 살고 있기는 하다. 하지만 농사를 지을 만한 토양은 아니다.

이 지역의 땅들은 대부분 영양분이 별로 없다. 게다가 나무를 베어 버린다면 강렬한 햇살 때문에 땅이 금방 황폐해질 수 있다. 이런 땅은 거름이 될 나뭇잎마저 없어서 결국 아무것도 할 수 없게 된다.

그렇다고 그 땅이 농사를 짓기에 알맞은지 알아보기 위해서 나무를 모조리 베어 보는 무식한 짓은 제발 하지 말기를…….

## 우리나라에 해마다 태풍이?

우리나라는 해마다 태풍으로 엄청난 피해를 입고 있다. 2003년 9월, 태풍 매미가 우리나라를 강타했을 때는 사망하거나 실종된 사람이 2백 명에 이르렀으며, 피해액도 4조 7천여 억 원이나 되었다.

또, 2012년 8월에 제주도에 상륙한 '볼라벤' 역시 세력이 엄청났다. 북서 태평양에서 발생한 15번째 태풍이자 제4호 태풍 구출에 이은 두 번째 슈퍼 태풍으로, 중심 기압이 910hPa(헥토파스칼)까지 도달했다. 태풍 볼라벤은 곧 이어 올라온 제14호 태풍 덴빈과 함께 중국으로 진행할 것으로 예상했으나 진로가 바뀌면서 우리나라에 큰 피해를 입혔다.

태풍 볼라벤이 최초로 영향을 끼친 제주도에서는 강풍으로 수많은 전신

**태풍 '매미'**

제14호 태풍 '매미'는 각종 최고 기록을 경신하며, 가을 태풍이 여름 태풍보다 무섭다는 속설을 확실히 증명했다.

1959년 9월 15일~18일, 매미처럼 추석 연휴 한반도를 강타한 '사라'는 태풍의 위력을 가늠하는 가장 중요한 수치인 중심부 최저 기압이 952hPa로 역대 1위를 차지하며, 사상 최악의 태풍으로 기록됐다.

그러나 지난 12일 오후 8시, 경남 사천 부근 해안에 상륙한 매미의 최저 기압은 950hPa로 사라의 기록을 제쳤고, 내륙에 상륙한 뒤에도 950hPa대의 강한 세력을 유지했다. 태풍은 중심부 최저 기압이 낮을수록 힘이 세진다.

매미는 최대 순간 풍속도 종전의 최고 기록을 경신했다. 12일 오후 4시 10분, 북제주군 한경면 고산 수월봉 기상대와 같은 날 오후 6시 11분 제주 기상대의 풍속계에 매미는 초속 60m를 기록했다. 이는 1904년 우리나라의 기상 관측이 시작된 이래 가장 센 바람으로, 2000년 8월 31일 전남 흑산도를 통과한 태풍 '프라피 룬'(58.3m)과 지난 해 8월 31일~9월 1일 찾아온 태풍 '루사'(초속 56.7m)가 세운 종전의 최대 풍속 기록을 훌쩍 뛰어넘었다.

역대 태풍의 기록을 살펴보아도 가을 태풍의 위력이 드러난다. '사라'는 849명의 사망자를 발생시켰고, 재산 피해액은 2,456억 원(2000년 화폐 기준)에 달했다.

지난해 강원 지역에 큰 피해를 줬던 태풍 '루사'는 정부 집계 사망 236명, 실종 34명 등의 인명 피해를 냈고, 재산 피해는 5조 1,479억 원(2000년 화폐 기준)으로 사상 최고였다.

지난 1998년 9월 말과 10월 초까지 지속된 '예니'도 가을 태풍의 전형으로 손꼽힌다. 당시 포항에는 타 지역의 연중 강수량과 맞먹는 516.4mm라는 기록적인 폭우가 하루 만에 쏟아졌고, 바람도 거셌다.

기상청 관계자는 "여름 태풍과 달리 가을 태풍은 내륙으로 접근하면서 차가운 기단과 만나 비를 많이 뿌리는 게 특징이며, 우리나라에 직접 영향을 미치게 되면 위력이 여름 태풍 못지않다."며, "매미의 경우는 한반도 주변의 높은 기압차와 해수면의 이상 고온 때문에 강력한 에너지를 얻게 된 것"이라 분석했다. –2003년 9월 15일자 〈문화일보〉에서

주와 가로등, 건물이 파손되었으며, 정전이 발생해 7만 가구의 전기 공급이 중단되었다.

그리고 우리나라에서 배가 가장 많이 생산되는 전라남도 나주시에서는

약 1,400헥타르(배 작물의 60%에 해당)에 이르는 농경지가 파괴되었다. 또한 전국에서 9,000헥타르의 사과와 배 농장이 파괴되는 바람에 볼라벤이 지나간 후 과일 값이 엄청나게 뛰었다. 이뿐만 아니라 단 하루 만에 시금치는 124%가, 양배추는 72%가, 양상추의 값은 26%가 올랐다. 태풍 볼라벤으로 인해 800억 원의 재산 피해액이 집계되었다.

## 태풍과 사이클론, 허리케인, 토네이도의 차이는?

다른 나라들도 태풍 같은 큰 바람의 피해를 자주 입는다. 그러나 이름은 다르게 표현된다. 원래 태풍은 최대 풍속이 초속 17m 이상의 폭풍우를 동

으악!
훗, 나의 에너지는 우리나라에 50년 동안 공급되는 전력량과 비슷할걸!

### 지리에 관한 한마디

"우리는 창문을 통해서, 옆집이 부서지고 날아가서 산산조각 나는 장면을 목격했습니다. 여기저기서 물이 흘러넘치고, 고막이 터질 정도로 큰 폭음이 들렸습니다. 마치 지옥 같았지요."

–루비 크레도, 1900년 텍사스 주에 불어닥친 허리케인 갈베스톤의 목격자. 미국 역사상 가장 큰 피해를 입힌 갈베스톤 때문에 6천여 명의 사람들이 죽었다.

반한 바람을 가리킨다. 태풍은 발생 지역에 따라 크게 세 가지로 나뉘는데, 대표적인 것이 바로 폭풍의 신으로 불리는 허리케인이다.

대서양과 카리브 해, 멕시코 연안 등에서 1년에 10여 차례 정도 발생하는데, 대형 허리케인의 위력은 엄청나다. 1992년 사상 최악의 허리케인 피해를 입은 미국의 플로리다 주에서는 불과 하루 만에 온 도시가 폐허로 변해 버렸으며, 비행 중이던 전투기가 추락을 하기도 했다.

자동차는 몇 백 미터나 날아가 뒤집혔고, 해안에 정박 중이던 선박들도 모두 박살이 났다. 또한 1998년에는 대형 허리케인 미치가 덮쳐, 시속 290km가 넘는 강풍으로 2만여 명이 숨지고 무려 2백만 명이 집을 잃었다. (허리케인이 하루에 방출하는 에너지는, 우리나라에 50년 동안 공급되는 전력량과 맞먹을 정도로 어마어마하다.)

인도양을 중심으로 아라비아 해와 벵골 만에서 발생하는 태풍은 사이클론이라 불린다. 발생 횟수는 1년에 다섯 번 정도이며, 피해 규모도 다른 태풍에 비해 훨씬 작은 편이다. 사이클론이 방글라데시 쪽으로 지날 경우 대

규모의 홍수가 발생하기도 한다. 1997년 방글라데시의 남부 지방에 밀어닥친 사이클론으로 인해 어부 3백여 명이 물에 휩쓸려 간 적이 있다.

우리나라에 부는 태풍은 북태평양 서쪽에서 발생하는 큰 바람을 일컫는 경우가 대부분이다. 발생 횟수는 물론 규모면에 있어서도 허리케인이나 사이클론보다 훨씬 더 크다. 매년 7월부터 10월 사이에 발생하는 태풍은 우리나라와 일본 등 동북아시아 지방으로 이동하면서 큰 피해를 주고 있다.

반면에 토네이도는 어렸을 적에 읽었던 동화《오즈의 마법사》와 관련이 깊다.《오즈의 마법사》는 '토네이도의 길'이라 불리는 미국 중부의 캔자스 지방에서 시작하기 때문이다. 도로시와 토토를 오즈로 날려보낸 깔때기

모양의 소용돌이 바람을 곧 토네이도라 하기 때문이다.

토네이도는 열 가운데 아홉이 미국에서 생겨난다. 미국 전역에서 발생되지만, 텍사스 주에서 아이오와 주에 이르는 평지를 강타하는 경우가 가장 많다. 캐나다에서 불어오는 차갑고 건조한 공기가, 멕시코 만에서 불어오는 따뜻하고 습한 공기를 만났을 때 강한 폭풍우가 몰아치면서 토네이도가 생기기 때문이다. 해마다 미국을 강타하는 8백 개 이상의 토네이도 때문에 약 70명의 사람들이 사망한다고 한다.

## '허리케인'이라는 말은 어디에서 생겨난 것일까?

카리브 해 지방에서 나온 것인데, 다 그럴 만한 이유가 있다. 허리케인이 대서양에 있는 다른 지역들보다 카리브 해를 더 많이 지나가기 때문이다. 마야 인들은 하늘의 신을 '후라칸'이라고 불렀는데, 여기에서 이름을 따서 하늘에서 불어오는 폭풍우를 '허리케인'이라고 하였다.

평균적으로, 매년 5개의 허리케인이 카리브 해 지역을 지나간다. 역사상 가장 위험했던 허리케인 20개 중 15개가 중앙아메리카와 근처의 섬 지역을 지나갔다. '미치'라는 이름의 허리케인은 1998년 온두라스에서 9천 명이 넘는 사람들의 목숨을 앗아 갔다.

허리케인 '플로라'는 1962년 아이티와 쿠바에서 8천 명의 사망자를 낳았고, 1930년에는 이름이 정해지지 않은 허리케인이 도미니카 공화국에서 8천 명의 목숨을 앗았다.

## 태풍의 이름은?

세계 기상 학회에서는 태풍의 이름을 알파벳 순으로 지어 붙였다. 예를 들어, 첫 번째 태풍의 이름을 '아더'라고 했다면 두 번째 태풍의 이름은 '베티'라고 하는 식이었다. 태풍의 이름은 영어의 알파벳 중 5개(Q, U, X, Y, Z)를 제외한 21개 알파벳의 첫 글자를 사용하여 지었으며, 남자 이름과 여자 이름을 번갈아 사용하였다.

그런데 2000년대에 접어들면서부터는 아시아 사람들의 태풍에 대한 관심을 높이고 경계를 강화하기 위해, 이후로 발생하는 태풍들의 이름을 바꾸어 부르기로 했다. 그동안 사용하던 영어 이름 대신, 우리나라를 비롯한 14개 태풍 위원회 회원국에서 저마다 10개씩 제출한 이름들(총 140개)을 사용하기로 한 것이다.

태풍의 이름 순서는 제출한 국가의 영어 이름(즉 알파벳) 순을 따른다. 140개의 태풍 이름은 28개씩을 1개조로 묶은 다음, 1조부터 5조까지 나누어 차례로 사용하고 있다. 5조가 끝나면 다시 1조로 돌아온다.

우리나라에서 제출한 태풍 이름은 개미·나리·장미·수달·노루·제비·너구리·고니·메기·나비 등 10개이다. 그리고 북한에서 제출한 이름은 기러기·도라지·갈매기·매미·메아리·소나무·버들·봉선화·민들레·날개 등 10개인데, 대부분 동식물의 이름들로 구성돼 있다

## 습지대는 정말 쓸모가 없을까?

한때는 습지대를 쓸모 없는 땅이라 생각한 적이 있었지만, 실제로는 쓸모가 없는 땅이 아니다. 늪이나 수렁이라고도 불리는 이 습지대는 1년 내내 물이 고여 있는 지역을 가리킨다.

습지대는 남극 대륙을 제외한 모든 대륙에서 발견된다. 그중에서 가장 유명한 곳이 플로리다 주의 소택지이다. 이곳은 세계에서 가장 큰 민물 습지대이다. 습지대에는 영양분이 아주 풍부해서, 매우 많은 생물들이 살고 있다. 즉 식물은 물론, 물고기, 벌레, 새 등 여러 가지 동물들이 넘쳐나는 곳이라고 생각하면 된다.

홍수가 났을 때는, 물을 흡수하여 물의 양을 조절하는 역할도 한다. 습지대를 통과하는 물을 걸러 주어 오염 물질을 제거해 주기도 하고,

## 우리는 온실 속의 화초?

나무가 우리의 친구라는 것은 누구나 다 아는 사실이다. 그럼에도 불구하고 많은 사람들이 자신들의 목적을 위해 나무를 함부로 베어 내는 바람에 갈수록 숲이 줄어들고 있다. 땔감과 건축 자재로 쓰기 위해, 또 농사 지을 땅을 마련하기 위해 요즘도 사람들은 나무를 마구 베어 내고 있다. 우리에게 산소를 공급해 주고, 또 많은 식물과 동물들의 보금자리인 나무를…….

그 때문에 지난 100년 동안 열대 우림의 절반 가까이가 파괴되었다. 열대 우림의 파괴는 사람의 호흡을 담당하고 있는 허파를 제거하는 것과 마찬가지다.

또한 나무를 잘라 내는 것은 우리가 '온실 효과'라고 부르는 지구의 온난

화 현상을 부채질하게 된다. 지구의 온난화 현상은 대기 중에 있는 이산화탄소와 온실 기체(메탄, 프레온, 이산화질소 등) 때문에 생겨난다.

석탄이나 석유 같은 것을 태우면 이산화탄소가 많이 발생하는데, 나무는 공기 중의 이산화탄소를 흡수하고 대신 산소를 내놓는다. 그러나 나무가 점차로 줄어들어서 이산화탄소를 적게 흡수하게 되면, 대기 중의 이산화탄소는 자연히 농도가 증가하여 지구의 온도가 올라갈 수밖에 없다.

모두 다 알다시피 온실은, 안으로 들어온 햇빛(열)이 다시 바깥으로 나가지 못하도록 유리로 막고 있다. 그렇기 때문에 늘 온실 안의 온도가 따뜻하게 유지된다. 마찬가지로, 지구의 대기도 온실 유리와 같은 역할을 하기 때문에 지구에도 온실 효과가 생겨날 수밖에 없다.

## 북극에서도 수영을 할 수 있을까?

지구의 온도가 계속해서 올라간다면 북극에서 수영을 할 수도 있다. 실제로 몇몇 과학자들은 북극의 얼음이 이미 녹아내리고 있다고 말하기도 한다.

지난 100년간 지구의 온도는 알게 모르게 조금씩 올라가고 있다. 그래서 평균 해수면의 높이가 약 30cm 정도까지 상승하였다. 과학자들은 2100년이 되면, 지구의 평균 온도가 지금보다 섭씨 2.5~5.5° 가량 더 올라가게 될 것이라고 말한다. 그렇게 되면 북극과 남극의 얼음이 녹아서 바닷가 근처의 도시들로 흘러들게 될 것이고, 그 도시들은 머지않아 물 속에 잠기게 되고 말 것이다.

인도양에 있는 몰디브의 작은 섬들 중 일부는 벌써 물 속에 잠겼다. 중국의 상하이, 일본의 도쿄, 인도의 콜카타, 타이의 방콕, 미국의 뉴욕, 영국의 런던 등에 살고 있는 사람들을 비롯해서, 세계 인구의 50% 이상이 바닷가에서 80km 이내에 살고 있다. 그들은 곧 지구 온난화의 결과를 온몸으로 느끼게 될지도 모른다.

지구 온난화 현상은 세계의 기후를 변화시키는 데도 한몫을 하게 된다. 지역에 따라 가뭄이 들게도 하고 홍수가 나게도 하기 때문이다. 뿐만 아니라 지구의 기온 상승은 온대 기후 지역을 북반구에서는 좀 더 북쪽으로, 남반구에서는 좀 더 남쪽으로 이동시키는 역할을 하기도 한다. 그렇게 되면, 농작물이 자라는 지역도 같이 이동하게 된다. 그것이 반복되면, 결국 동물과 식물들도 온도 상승의 영향을 받아 멸종의 위기에 처할 수밖에 없다.

## 지구 안의 천연자원을 다 써 버린다면?

머지않아 천연자원들을 다 쓰게 될 것이다. 이 천연자원들은 아주 오래 전에 살았던 식물과 동물들의 화석으로 만들어졌기 때문에 다시 재생되지 않는다. 그러므로 일단 우리가 사용하고 나면 더 이상 쓸 수가 없게 된다.

그러나 숲은 나무를 다시 심고 잘 가꾸면 재생시킬 수 있다. 에너지는 화석 연료뿐만 아니라 풍력, 태양력, 수력, 지열, 핵발전, 화력 등에서도 얻을 수 있다. 석탄이나 석유, 천연 가스 등과 같이 재생할 수 없는 자원을 다 쓰게 되면, 그것을 대신할 수 있는 다른 에너지원, 즉 대체 에너지를 찾는 일이 시급하다. 이와 함께 자원의 보존, 즉 미래를 위해 천연자원을 절약하는 일도 중요하다. 아껴 쓰자, 다시 쓰자, 그리고 재생하자!

## 식량이 충분하다고?

이 지구상에는 전 세계 사람들이 모두 먹고살 만큼 충분한 식량이 있다. 하지만 매일 2만 4천여 명의 사람들이 굶어 죽어 가고 있다. 이것은 3.6초마다 한 명씩 죽는 셈이다. 도대체 왜 이런 일이 일어나는 것일까?

한 가지 이유는 폭발적인 인구 증가 때문이다. 1950년에만 해도 세계 인구는 25억 명이었는데, 2000년에는 60억 명으로 늘어났다. 2050년쯤에는 1백억 명 이상이 될 것이다.

또 다른 이유는 지구가 비록 큰 행성이기는 하지만, 대부분의 사람들이 특정 지역에만 옹기종기 모여 살고 있기 때문이다. 사람들이 손쉽게 농사를 지을 수 있고, 또 식량을 쉽게 수송할 수 있는 곳을 따라 모여 살고 있는 것이다. 강가나 바닷가를 따라서 기후가 좋은 곳에만…….

세계의 식량과 자원은 골고루 분포되어 있지 않다. 그렇기 때문에 농사가 잘되는 기름진 땅에서 나온 식량을, 살기가 어려운 곳으로 골고루 나누어 주기가 어렵다. 그러나 희망은 있다. 새로운 종자를 개발하고, 질 좋은 비료를 많이 생산해 내고, 농업 기술을 좀 더 발달시킨다면 분명히 생산량이 증가할 것이다.

이러한 녹색 혁명이 활성화되자면 많은 자본과 지식이 필요하다. 그런데 정작 그런 혁명이 일어나야 할 곳은 자본도 없고 지식도 없는 곳인 경우가 대부분이어서 안타까울 뿐이다.

3

Don't Know Much About Planet Earth

# 만약 우리가 하루를 잃어버리게 된다면?

## 지도의 탄생과 제작에 얽힌 이야기

?!

### 최초의 지도

폴리네시아의 탐험가들은 3000년 전부터 태평양에 있는 많은 섬들 사이를 항해하였다. 그들은 수천만 마일을 항해했으며, 야자나무에서 뽑은 실과 조개 껍질을 이용해서 지도를 만들었다. 그 지도에서 야자 실은 파도 형태를 표시했고, 조개 껍질은 섬을 나타내었다.

9
10
11
12

지도가 있어서
정말 다행이야!

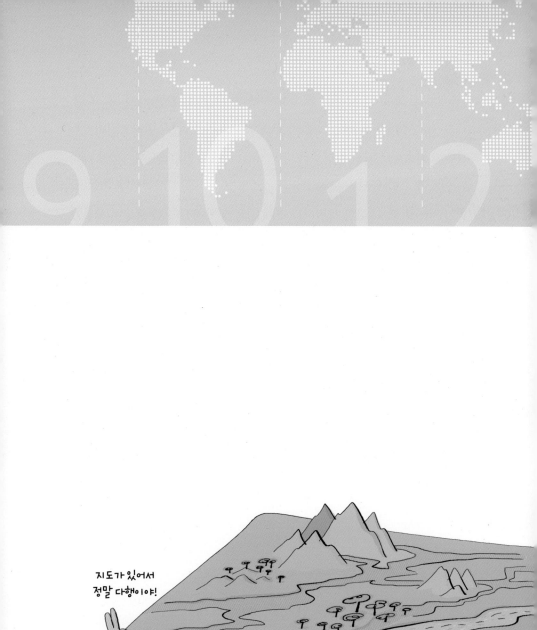

## 지구가 둥글다는 걸 맨 처음 알아낸 사람은?

콜럼버스라고? 천만에, 그렇지 않다. 지구가 둥글다는 것은 콜럼버스가 살았던 시대보다 훨씬 이전부터 나온 얘기다. 이미 기원전 4세기경에 그리스 철학자 아리스토텔레스(BC 384~322)가 그 사실을 알아차렸다. 그는 월식이 일어날 때, 지구의 그림자가 달에 둥글게 비치는 것을 보고서 지구가 둥글다는 사실을 눈치챘다.

아리스토텔레스 이전에는 대부분의 그리스 철학자들이 지구가 평평한 원반 모양을 하고 있으리라 짐작했다. 원반 모양을 한 지구가 끝없이 펼쳐진 바다 위에 둥둥 떠 있거나, 아니면 우주의 한 귀퉁이에 매달려 있으리라고 생각했던 것이다.

## 낙타가 계산을?

여러분에게는 낙타를 계산에 이용한다는 게 너무도 터무니없게 들릴지 모른다. 그러나 과거로 거슬러 올라가 보면, 낙타가 계산기로 사용되던 시절이 있었으므로 이런 물음이 이상하다고만은 할 수 없다.

약 2000년 전, 알렉산드리아의 도서관장이었던 그리스 인 에라토스테네스(BC 276~196)는 지구의 둘레를 재는 데 낙타를 이용했다.

> **지리학**
>
> 옛날 사람들은 자신들이 살고 있는 세상에 대해 많이 궁금해했지만, 실제로 '지리학'이란 말을 처음으로 사용한 사람은 바로 에라토스테네스였다. 지리학은 땅(geo)을 뜻하는 '지리'와 글로 써서 나타낸다(graphy)는 뜻을 가진 '~학'의 합성어이다.

어느 날 에라토스테네스는 시에네(오늘날 이집트의 아스완)의 한 우물가를 거닐고 있었다. 그러다가 우연히 1년 중 낮의 길이가 가장 긴 6월 21일 정오에는 햇빛이 우물에 반사된다는 얘기를 들었다. 그는 그 말을, 태양이 우물에 수직으로 비친다는 뜻으로 해석하였다. 시에네가 알렉산드리아의 정남향에 있는 도시라는 사실을 알고 있었던 것이다.

다음 해 6월 21일, 그는 알렉산드리아에서 오벨리스크(고대 이집트의 사원 입구에 세워진 1쌍의 커다란 뾰족 기둥)의 그림자 길이를 측정하였다. 그리고 직각삼각형에서 두 변에 해당되는 오벨리스크의 길이와 그림자의 길이로부터 다른 한 변의 끝각의 크기를 계산해 내었다. 그 결과, 그 크기가 약 7°(전체 원의 약 50분의 1에 해당)라는 것을 알 수 있었다.

자, 다시 낙타 얘기로 돌아가 보자. 에라토스테네스는 알렉산드리아에서

시에네까지 낙타를 타고 여행하는 데 50일이 걸린다는 사실을 알았다.

건강한 낙타는 하루에 1백 스타디아(스타디아는 고대 그리스 시대, 경주에 사용되던 길이의 단위)를 갈 수 있으므로, 두 도시 사이의 거리는 5천 스타디아이다. 이 거리에 50(오벨리스크의 그림자에서 구한 7°는 전체 원의 50분의 1에 해당되므로)을 곱하면, 지구의 둘레는 25만 스타디아라는 결과가 나온다. 이 거리를 미터법으로 바꾸어 보면 40,233km가 된다. 놀랍게도 이것은 오늘날 측정한 적도 지방에서의 지구 둘레 40,073km와 거의 흡사하다.

## 지중해 연안은 문명의 요람?

수천 년 전 고대 역사상 가장 부유하고 강력한 영향력을 행사했던 나라들의 대부분이 바로 이곳에서 성장했기 때문에 그런 말이 생겨났다. 수메르나 바빌론, 이집트, 그리스, 로마 등의 문명이 지중해로 둘러싸인 이곳에서 번성하였다.

물론 같은 시기에 아프리카나 아시아에서도 다른 문명이 번성하였다. 하지만 지금 우리가 알고 있는 지도가 태어나는 데 크게 공헌한, 말하자면 맨 처음 세계를 탐험한 사람들은 대개 이 지중해 연안에 살았다.

탐험은 대부분 한 나라가 다른 나라를 정복하는 형식으로 이루어졌다. 마케도니아의 알렉산드로스 대왕(BC 356~323)은 그리스로부터 인도에 이르는 광활한 대륙을 정복하였다. 그는 33세에 세상을 떠났는데, 그 짧은 생애 동안 그토록 방대하게 영토를 확장했던 것이다.

알렉산드로스 대왕은 전쟁터에 나갈 때마다 지리학자와 과학자, 건축가, 역사학자, 측량 기사 들을 데리고 다녔다. 어쩌면 그들이 바로, 그 전까지 서방 사람들에게 알려지지 않았던 수천만 제곱킬로미터에 달하는 그 영토를 지도에 표시할 수 있게 해 주었는지도 모른다.

"당신이 지금 어디로 가고 있는지를 모르면, 당신이 어디에 도착할지도 모르기 때문에 조심하지 않으면 안 된다."

–요기 베라(1925~ ), 미국의 유명한 야구 선수.

## 콜럼버스는 왜 서쪽을 거쳐서 동쪽으로 갔을까?

물론 그가 방향 감각이 없어서 그렇게 한 것은 아니었다. 유럽의 몇몇 탐험가들은 막연히, 아프리카 대륙을 돌아 계속 항해하다 보면 아시아에 닿을 수 있을 것이라고 생각했다.

또 다른 탐험가들은 틀림없이 좀 더 쉬운 방법이 있을 것이라고 믿으며, "서쪽으로 항해하라. 그러다 보면 동쪽에 닿을 것이다."라고 말했다. 어차피 지구는 둥글기 때문에, 아메리카 대륙과 같은 미지의 땅이 중간에 떡 버티고 있지만 않았더라면, 그들의 말이 그대로 실현되었을지도 모른다.

콜럼버스는 유럽과 중국 사이에, 두 개의 커다란 대륙과 광활한 태평양이 숨어(?) 있으리라고는 상상도 하지 못했다. 그는 지구의 크기가 실제보다 훨씬 작다고 생각하고 있었던 것이다.

에라토스테네스가 낙타로 거리를 재어서 지구의 둘레를 계산한 지 300년이 지난 후, 프톨레마이오스(약 100~170)라는 지리학자는 그리스의 지리학자 스트라보(약 BC 64~AD 23)의 계산 결과를 이용하여 새롭게 지구의 크기를 계산하였다.

그 결과, 지구의 둘레는 실제보다 약 4분의 1 이상이 줄어든 28,962km가 되었다. 스트라보 때부터 계산이 잘못되었던 것이다. 그것은 결국 1000년이 넘는 세월 동안 선원들을 잘못 인도하는 결과를 낳고 말았다. 말하자면 콜럼버스도 자신이 그렇게 먼 거리를 항해해야 될 줄은 꿈에도 생각지 못했던 셈이다.

## 사람들은 문자를 사용하기 전부터 지도를 그렸다?

그렇다. 우리가 증거를 갖고 있지는 않지만, 원시인들도 나름대로의 기호 체계를 가지고 있었을 것이다. 자기 가족과 친구들에게 어디에 살진 고기가 많고, 또 어디로 가면 맛있는 열매가 있는지를 알려 주기 위해서 그러한 것들을 만들었을 터이다.

우리가 알고 있는 가장 오래된 지도는 바빌로니아(오늘날 이라크의 북부 지역)에서 발견된 점토판이다. 기원전 약 2300년 무렵에 만들어진 이 지도는 라가시라는 도시를 그린 것이다. 바빌로니아와 이집트 사람들 또한 세금을 걷기 위해 자신들의 땅을 표시한 지도를 만들었다.

아들아, 이곳에 너를 위해서 맛있는 돼지를 묻어 두었다.
고마워요, 아빠. 배고플 때 꼭 찾아 먹을게요.

이 같은 초창기 지도는 하나의 지도에 하나의 지방을 그린 것이 많다. 최초의 세계 지도는 기원전 60년경에 만들어졌다. 그것도 역시 바빌로니아에서 만들어진 점토판인데, 크기는 대략 컴퓨터 책상만 하다.

큰 원이 하나 그려져 있고, 그 가운데로 선이 2개 그어져 있다. 여기서 원은 지구를 나타내고, 2개의 선은 각각 티그리스 강과 유프라테스 강을 나타낸다. 그리고 그 원의 주변에는 '세계의 바다'라고 불리는 바다가 있다. 지도를 그린 사람의 생각으로는 자신이 살고 있던 곳이 바로 전 세계였던 모양이다.

## 이것은 무슨 지도일까?

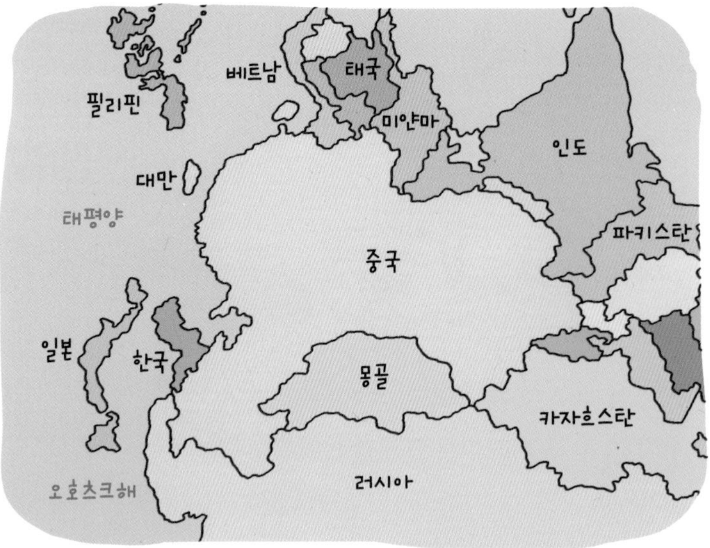

알았다! 이건 우리나라를 포함한 동북아시아의 지도로군. 그런데 왜 뒤집혀 있지? 여러분이 이 지도를 뒤집혀 있다고 생각하는 것은, 지금까지 북쪽을 위로 해서 그린 지도만을 보아 왔기 때문이다.

세계의 북쪽이 위쪽이라고 맨 처음 말한 사람은 프톨레마이오스이다. 130년경 지구의 크기를 잘못 계산해서, 실제보다 작다고 했던 바로 그 사람이다. 지금은 우리가 북쪽이 위쪽이라는 것을 당연하게 생각하고 있지만, 만약 그때 프톨레마이오스가 지도의 위쪽을 북쪽이라 하지 않고 남쪽이라고 했다면 우리는 평생 남쪽을 위쪽이라 생각하며 살아갔을지도 모른다.

또한 지도 제작자들도 나침반(1000년경 중국에서 처음 발명되었다.)의 바늘이 북반구에서는 항상 북쪽을 가리키기 때문에 위쪽을 북쪽이라 생각했다.

## 지도는 어떤 힘을 갖고 있을까?

지도는 작은 공간에다 아주 많은 정보를 담고 있다. 지도는 의사들이 병의 원인을 추적할 때 사용되기도 하고, 또 소방차가 목적지를 찾아갈 때 긴요하게 쓰이기도 한다. 또한 여행객들이 숲에서 안전하게 빠져나올 수 있는 길을 알려 주는 역할을 하기도 한다.

**아틀라스**

그리스 신화에서 우리는 어깨로 하늘을 받치고 있는 신을 하나 발견할 수 있다. 그 신의 이름을 따서, 지도책을 '아틀라스'라고 부른다. 그래서 그런지 고대의 책이나 지도에 종종 아틀라스의 모습이 그려져 있는 것을 발견할 수 있다.

지도 덕분에 여러분은 부자가 될 수도 있고 유명해질 수도 있다. 해적들이 숨겨 놓은 보물을 찾을 때나, 그보다 훨씬 더 값어치 있는 것들을 찾고자 할 때도 우리는 지도를 이용하지 않으면 안 된다.

15세기에 아프리카 서부 해안 지역을 맨 처음 탐험한 뒤에 만들어진 지도는 매우 진귀하게 여겨져서 포르투갈 정부가 외부로의 유출을 엄격히 제한하기도 했다. 외국인에게 그 지도를 파는 사람은 사형으로 다스리게 했을 정도이다.

## 축척이 뭐지?

지도는 어떤 지역을 그림으로 나타낸 것이다. 정확히 말하면 축척에 따라 그린 그림인 셈이다. 그러므로 여러분의 집에서 슈퍼마켓까지의 거리가 공원까지의 거리보다 2배 더 멀다고 한다면, 지도상에도 2배 더 멀게 나타내어야 한다.

축척은 지표상의 실제 거리와 지도상에 나타난 거리의 비율을 말한다. 어떤 지도의 축척이 5만분의 1이라고 한다면, 지도상에서 1cm는 실제 거리가 50,000cm, 즉 0.5km임을 나타낸다.

여러분이 살고 있는 곳을 나타낸 지도가 대축척으로 그려져 있다면, 1cm가 2.5km에 해당되도록 그려진 것이다. 전 세계를 전부 나타낸 사회과 부도의 세계 전도 같은 것은 대부분 소축척으로 그려져 있다. 그런 경우에는 1cm가 1,000km 정도를 나타낸다.

실제보다 얼마나 줄였는가를 나타내는 지도의 축척은 대개 지도의 한쪽 모서리에 작은 자 모양으로 표시되어 있다. 그것을 보고 우리는 지도상에

표시된 지점과 지점 사이의 실제 거리를 짐작할 수 있다.

나침반은 4개의 기본 방위, 즉 동쪽(E)·서쪽(W)·남쪽(S)·북쪽(N)을 나타낸다. 이것을 보고 우리는 지도상에 표시된 지점이 어느 방향에 있는지를 알 수 있다. 지도를 보면 일반적으로 북쪽은 지도의 윗부분을 가리키고, 서쪽은 왼쪽, 동쪽은 오른쪽, 남쪽은 아래쪽을 의미한다.

그리고 지도에 나와 있는 기호가 무엇을 뜻하는지는 대개 범례 부분을 찾아보면 설명이 나와 있다.

## 세계 지도는 왜 실제 크기와 다를까?

지구가 둥글게 생겼음에도 불구하고, 지도를 평면에 그리기 때문에 실제 크기와 다를 수밖에 없다. 여러분이 귤 껍질을 벗겨서 똑바로 펴 보면, 왜 공 모양으로 생긴 지구를 평면에다 정확하게 그릴 수 없는지 알 수 있을 것이다.

귤을 지구라고 가정해 보자. 북극에서 남극까지 껍질을 죽 벗겨서 평평하게 늘어놓아 보자. 벗겨진 껍질은 각각 떨어져 있어서, 그것들을 평면에서는 모두 이어 맞출 수가 없다. 그래서 둥근 지구를 평면에다 그려 놓은 세계 지도는, 어떻게 그리든 실제와 다를 수밖에 없다.

지구를 있는 그대로 나타내는 데 가장 좋은 방법은 둥근 지구본을 만드는 것이다. 그러나 지구본은 실용적이지 못하다. 집에서 가장 가까운 아이스크림 가게로 가려면 어느 길로 가야 하는지를 보여 줄 수 있을 정도로 자세히 그리려면, 굉장히 커야 하기 때문이다.

또한 지구본은 접을 수가 없어서 자동차의 수납칸에 넣을 수도 없다. 심지어 책에다 수록할 수도 없다. 지도는 단순히 길을 쉽게 찾아갈 수 있게 해 주는 것 외에도 아주 다양하고 편리한 기능들을 제공해 줄 수 있는데도 불구하고 말이다.

둥근 지구의 모습을 평평한 종이 위에 표시하는 문제를 해결해 줄 수 있는 방법들 중에서 가장 흔히 쓰이는 것은 지도를 한쪽에서 투영하여 그리는 것이다. 이러한 방법 중 가장 널리 사용하는 것은 바로 '메르카토르 도법'이다.

1569년 게라르두스 메르카토르(1512~1594)라는 한 지도 제작자가 세계를 좀 더 정확히 지도에 그려 넣기 위해서 어떤 부분은 잘라 내고, 또 어떤

부분은 늘이는 방법을 사용하였다. 말하자면 대양은 반쯤 자르고, 북극과 남극 지역은 실제보다 약간 더 늘여서 그린 것이다.

그러다 보니 메르카토르 도법에서는 그린란드가 남아메리카보다 커 보이게 됐는데, 실제로는 남아메리카가 그린란드보다 8배나 더 크다.

## 최초의 월드 와이드 웹(WWW)은?

월드 와이드 웹은 위도와 경도를 이어 놓은 거미줄 같은 선을 말한다. 이 선들은 약 2000년 전에 처음으로 사용되었다. 그리스의 지리학자들이 지구에다 수직과 수평으로 상상의 선을 그어서 칸을 나누었던 것이다. 요즘 지도 제작자들도 여전히 이 상상의 선들을 사용하고 있는데, 이 선들이 있기 때문에 지구상의 위치를 정확하게 알 수 있다.

위도를 나타내는 선은, 지구를 수평으로 나눈 것이다. 이 선들은 서로 평행하여 영원히 만나지 않기 때문에 수평선이라 불리기도 한다. 경도를 나타내는 선은 아래(남)와 위(북)를 이은 것으로, 극지방으로 갈수록 그 간격이 좁아진다.

위도는 180°로 나누어지는데, 0°는 지구의 중심을 지나는 상상의 선인 적도를 말한다. 북극은 북위 90°, 남극은 남위 90°라 한다.

**위도와 경도**

다른 행성들에도 위도와 경도를 구분하는 선이 있다. 그래서 태양계를 연구하는 과학자들은, 지구에서 하던 방식을 다른 행성에 그대로 적용하여 자신들이 연구하는 곳의 위치를 표시한다.

에, www는
위도와 경도를 이어 놓은,
거미줄처럼 생긴 이 선을
말합니다.

## 1도에 60분이 있다?

그렇다. 그러나 걱정할 필요는 없다. 1시간 안에 있던 60분이 없어지는 것은 아니니까. 시계를 만드는 사람들처럼, 지도 만드는 사람들도 단위를 좀더 작게 나누기 위해서 '분'을 사용한다. 지도에서는 위도 1°를 60′으로 나눈다.

지구 전체는 위도 180°가 된다. 그런데 각 도와 도 사이의 간격이 111km나 되기 때문에 좀 더 작은 단위인 '분'이 필요하다. 그렇지만 분을 사용한다 해도 위치를 정확하게 나타내는 데는 무리가 있다. 그래서 분을 좀 더 작은 단위로 나누었는데……. 그게 무엇일까? 짐작했을 테지만, 바로 '초'이다.

도(°), 분(′), 초(″)……. 이러한 단위를 사용해서 우리는 지구를 30.5m 단위로 쪼갤 수 있다.

## 만약 우리가 하루를 잃어버리게 된다면?

국제 날짜 변경선에 가면 잃어버렸던 하루를 되찾을 수 있다. 국제 날짜 변경선이란, 태평양 한가운데에 있는 가상의 선(경도 180° 근처)을 말한다. 이 선에서 날짜가 바뀐다. 날짜 변경선은 본초 자오선(경도 0°)으로부터 지구 반대편에 있다. 본초 자오선은 경도를 측정하는 기준이 되는 선으로, 영국의 그리니치 천문대를 통과하는 선이다.

오늘이 몇 일인가, 하는 것은 여러분이 날짜 변경선을 기준으로 어느 쪽에 있는가에 따라 결정된다. 시각과는 아무런 상관없이, 날짜 변경선의 동쪽에 있으면 서쪽에 있는 것보다 하루가 느리다. 날짜 변경선의 동쪽이 화요일 낮 12시였다면, 서쪽은 수요일 낮 12시가 된다.

결국 여러분이 동쪽에서 서쪽으로 날짜 변경선을 넘어가면 하루를 잃어버리게 되는 셈이다. 그러나 여러분이 다시 서쪽에서 동쪽으로 넘어오면 하루를 되찾는 셈이 되니까, 그리 큰 걱정을 할 필요는 없다. 다만 생일날 서쪽에서 동쪽으로 넘어오게 되면 생일

**국제 표준시**

북극이나 남극에서 일하는 사람들은 국제 표준시를 사용한다. 이 시각은 영국의 그리니치 천문대가 위치하고 있는 시차 구역에 해당된다. 국제 표준시를 사용하지 않으면, 경도를 구분하는 선이 극에서 서로 합쳐지기 때문에 24개의 시차 구역이 아주 좁은 간격으로 있게 된다.

을 두 번 축하해야 할 일이 생길지도 모른다.

## 전 세계가 동시에 같은 시각을 가리키지 않는 이유는?

세계의 시계를 모두 하나로 통일시킨다? 가능한 일이다. 세계의 시계들이 모두 똑같은 시각을 가리키도록 하는 일은 생각보다 아주 간단하다. 그러나 그렇게 하면 많은 사람들이 혼란스러워할 것이다.

사람들은 자신이 지구의 어느 쪽에 있든 상관없이 시계를 태양에다 맞추고 싶어 하기 때문이다. 태양이 우리의 머리 위에 있을 때를 정오, 즉 낮 12시라고 한다. 그러나 지구는 자전을 하고 있기 때문에, 시간이 흐름에 따

라 태양은 각기 다른 장소를 비추게 된다.

1870년대 캐나다의 샌포드 플레밍(1827~1915)이란 사람은 이러한 시차의 문제를 직접 해결하려 하였다. 그는 지구를 경도에 따라 15° 씩 나눈 뒤, 24개의 시차 구역으로 구별하였다. 그리고 각 지역을 다시 1시간 단위로 나누었다. 1884년 시각을 구역별로 나누는 것에 찬성하여 학회를 구성한 사람들은 플레밍의 제안을 그대로 받아들였다.

그 후 많은 나라들이 이러한 체계를 부분적으로, 또는 전체적으로 받아들였다. (중국의 경우는 중국 전체가 시각을 나누지 않은, 동일한 시차 구역에 들어 있다.) 그리하여 서울의 시각이 낮 12시면, 파리는 새벽 4시, 뉴욕은 전날 밤 10시가 된다.

## 실제로 가 보지 않고도 지도를 그릴 수 있다?

요즘 지도 제작자들은 콜럼버스가 탐험하던 시대와는 전혀 다른 방법으로 지도를 그린다. 콜럼버스가 살았던 시대나 그 이전 시대에는 탐험가들이 직접 가 보고 조사한 보고서를 토대로 지도를 만들었다.

그 당시의 지도 제작자들은 빈 공백을 메우기 위해서 여러 가지 그림을 그려 넣기도 했다. 자신들이 원하는 것은 무엇이든 그려서 그 자리를 채웠다. 바다 괴물을 그려 넣기도 하고, 괴상한 생물들을 상상해서 그려 넣기도 했다.

그 이후로도 한동안은 대개의 토지 측량 기사들이 직접 거리로 나가서 측정을 하고, 또 상세한 설명을 덧붙여서 조금이라도 더 정확한 지도를 만들려고 노력했다. 심지어는 공중에서 항공 사진을 촬영하기까지 하였다.

그런데 요즘은 굳이 그 근처에 가 보지도 않고 정확한 위치를 지도에 나타낼 수 있을 만큼 기술이 발달되었다. 어떻게 그런 일이 가능할까?

바로 지구상에 떠 있는 인공위성을 이용하고 있기 때문이다. 인공위성은 적외선을 비롯한 여러 가지 파장의 빛을 이용하여 우리가 눈으로 볼 수 없는 부분까지 섬세하게 사진으로 찍을 수 있다. 또 레이더를 이용하여 지표면에 있는 어떤 물체의 높이와 모양을 정확히 측정할 수도 있다. 이것을 사용하면 산의 높이를 정확하게 알 수도 있고, 바다의 깊이 또한 정확하게 측정할 수 있다.

지금 이 순간에도 수십 개의 인공 위성이 지구 위에서 사진을 찍고 있다.

## 아직도 탐험하지 못한 곳이 남아 있을까?

지구에는 그 누구의 발길도 닿지 않은, 구석진 곳들이 아직 많이 남아 있다. 정말로 지구에서 개척해야 할 곳은 바로 바다, 즉 대양이다. 어둠 속에 숨겨진 채 수십 톤의 수압으로 보호되고 있는 바다. 그 깊이는 여전히 미스터리로 남아 있다.

바다의 밑바닥에는 64,400km에 달하는 산맥과 거대한 협곡, 그리고 신기한 동물들이 모여 있다. 그 외에도 우리가 아직껏 모르고 있는 것들이 무수히 많이 있다. 그래서 바다는 미스터리의 보고(寶庫)라고도 불린다.

### 지리에 관한 한마디

"갑자기 달 바깥쪽에서 뭔가가 보였어요. 파랗고 하얀 보석이 빛나는 것같이……. 새까만 미지의 바다에서 작은 진주처럼 하얀 베일을 덮어쓴 채 솟아오르는 파란 구슬……. 지구였죠, 우리가 살고 있는……."

–에드거 미첼, 미국의 우주 비행사, 1971년.

하늘도 마찬가지다. 사람들은 언제나 하늘과 별에 대해 호기심을 가져왔다. 지리학이라는 학문도 바로 우주와 지구를 이해해 보고자 하는 데서 시작되지 않았던가. (실제로 천문학이 과학의 시작이었다.)

1500년대 중국에 완후라는 과학자가 있었다. 그는 화약 로켓 47개를 의자에 묶어, 하늘을 날아 다니는 기계를 만들려고 시도하였다. (불행히도 그는 화약이 터져 죽고 말았다.)

그 후 20세기 중반에 접어들고서야 비로소 인간은 우주로 날아갈 수 있는 기술을 보유하게 되었다. 바야흐로 1969년 인류가 최초로 달에 첫걸음을 내디뎠던 것이다.

그 프로젝트에 동참해 달에 직접 발을 내디뎠던 닐 암스트롱은 그것을 '작은 걸음'이라고 표현했다. 그 말은 우리가 배우고 이해하며 발견해야 할 것들이 이 광활한 우주에는 너무도 많이 있기 때문에, 달에 착륙한 것은 단지 시작에 불과하다는 뜻을 담고 있다.

4

Don't Know Much About Planet Earth

# 우리 조상들은 모두 아프리카에 살았을까?

## 껌껌해서 속을 알 수 없는 아프리카 대륙

?!

라이베리아

아프리카 최초의 독립국은 라이베리아였다. 라이베리아는 라틴 어로 '자유'를 뜻하는데, 이 나라는 1821년 미국의 해방 노예들을 위한 식민지로부터 시작되었다.

크기 | **세계에서 두 번째로 큰 대륙** 30,065,000km²
가장 높은 산 | **킬리만자로 산(탄자니아)** 5,895m
가장 낮은 지점 | **아살 호(지부티) 해수면 밑으로** 156m
가장 넓은 호수 | **빅토리아 호** 69,500km²
가장 긴 강 | **나일 강** 6,825km
가장 큰 사막 | **사하라 사막** 9,065,000km²
가장 큰 섬 | **마다가스카르 섬** 587,000km²

## 아프리카를 여행할 땐 어떤 언어를?

아무것이나 골라서 배워라. 아프리카의 수많은 부족들이 쓰는 언어를 다 합치면 1천 가지가 넘는다. 아프리카에 유달리 큰 산맥이 있는 건 아니지만, 외부에서 접근하기가 힘든 지역이 꽤 많다. 그 바람에 이곳 사람들은 중앙 정부가 통치를 하는, 하나의 국가를 이루지 못한 채 서로 다른 문화와 법, 그리고 언어를 갖게 되었다.

세계에서 두 번째로 큰 대륙인 아프리카에는, 지금도 다른 대륙들보다 훨씬 더 많은 수의 나라들(53개국)이 있다. 게다가 아프리카는 온갖 동식물들의 보고이기도 하다. 사막과 초원, 정글에는 사자나 표범, 코끼리, 기린, 원숭이, 타조, 하마 등 여러 동물들이 살고 있기 때문이다. 그렇지만 나일 강이나 콩고 강 같은 큰 강을 제외하면 물이 그리 많은 편은 아니다.

## 우리 조상들은 모두 아프리카에 살았을까?

그렇다. 우리의 조상들은 모두 아프리카에서 살았다. 과학자들은 우리의 첫 조상들이 약 3~4백만 년 전 아프리카에서 맨 처음 출현했다고 생각하고 있다. 첫 조상들은 서서 걸어 다니긴 했지만, 도구는 돌이나 나뭇가지 정도의 간단한 것들만 사용할 수 있었던 것 같다. 음, 머릿속에 유인원과 비슷하게 생긴 사람들을 떠올려 보면 되겠다.

그들을 가리켜, 우리는 오스트랄로피테쿠스('아프리카 남쪽에 사는 유인원 또는 원숭이'이라는 뜻)라 불렀다. 비록 자주 나무를 타고 다닌 건 아니라 해

도, 고릴라와 같은 영장류들처럼 나뭇가지를 붙잡고 이 나무에서 저 나무로 옮겨 다니는 정도는 했을지 모른다.

그런데 우리 조상들은 왜 나무 타기를 그만두고 걸어 다니기 시작했을까? 그것도 하필이면 아프리카에서?

그것은 지리적 변화와 관련이 깊다. 원숭이와 고릴라, 사람 같은 영장류들은 지구의 온도가 지금보다 훨씬 더 낮았을 때부터 아프리카에서 살기 시작했다. 지금은 모두 사막으로 바뀌어 있는 이곳의 땅들이 한때는 사바나 지역, 즉 풀이 많이 나 있는 초원 지대였던 것이다.

사바나 지역에는 당연히 영장류들이 타고 다닐 만한 나무들이 없었다. 그래서 서서 다니기 시작했다는 것이 일부 학자들의 주장이다. 나름대로 일리가 있어 보인다.

물론 또 다른 이유도 있었을 터이다. 동물들로부터 위협을 받게 되는 일 따위의……. 이럴 경우, 여러분이라면 어떻게 할 것인가? 자신을 잡아먹을지도 모르는 동물들이 어디에 있는지 궁금해졌을 때…….

누구든 처음엔 가능한 한 높은 곳으로 올라서서 주변을 살펴보았을 것이다. 그런데 그때 이미 두 다리로 걷기 시작했다면? 자유로운 두 손으로, 동물들을 방어할 수 있는 무기를 만들어 들고 다니지 않았을까? 그것이 바로 사람과 동물을 구별할 수 있는 가장 큰 차이점이니까.

## 나일 강의 길이는?

아프리카에 있는 나일 강은 지구상의 강 중에서는 그 길이가 가장 길다. 길이가 6,825km로서, 미국 전체를 가로지르고도 다시 절반을 되돌아올 수

### 인류의 조상들

과학자들은 우리 조상들에게 각자의 특징에 따라 이름을 지어 주었다. 약 250만 년 전 오스트랄로피테쿠스보다 조금 더 진화한 인류에게는 호모 하빌리스('도구를 만드는 인간'이라는 뜻)라는 이름을 붙여 주었다. 호모 하빌리스는 오스트랄로피테쿠스보다 머리가 더 컸으며, 간단한 도구를 만들어 사용할 줄 알았다.

그러고 나서 약 50만 년 전 호모 에렉투스('서서 다니는 인간'이라는 뜻)가 나타났는데, 키가 약 160cm 정도 되었다. 호모 에렉투스는 좀 더 많은 종류의 도구를 만들 수 있었다. 집을 짓고, 요리를 하며, 몸을 따뜻하게 하기 위해 불을 사용할 줄도 알았다. 그들은 또한 멀리 떨어진 곳으로 모험을 떠나기도 했다. 그들이 곧, 아프리카를 떠나 유럽과 아시아로 걸어간 최초의 조상인 셈이다.

그다음으로 나타난 인류가 호모 사피엔스('슬기 사람'이라는 뜻)였다. 걸어 다니는 데 지쳐서 탈것을 개발한 조상들이다. 그러나 약 40만 년 전에서 20만 년 전까지 살았던 호모 사피엔스는 그렇게 현명해 보이진 않는다. 옷과 보석, 동굴 벽화 같은 것들을 남기긴 했지만, 바퀴가 달린 탈것들은 아직 만들어 내지 못했기 때문이다. 그러다 3~4만 년 전쯤 호모 사피엔스는 현대 인류, 즉 호모 사피엔스 사피엔스('슬기슬기 사람'이라는 뜻)로 진화하였다.

있을 만큼 길다. 7000년이란 세월 동안 나일 강가에 터를 잡고 살아온 사람들은 많았지만, 1864년이 될 때까지 그 누구도 나일 강을 끝까지 온전하게 항해하지는 못했다. 그 정도로 강이 험하기 때문이다.

나일 강은 아프리카 동부에 있는 산에서 시작해 지중해까지 흘러간다. 지도에서 보면 북쪽이 항상 위일 거라는 생각 때문에 나일 강이 위로 흘러가는 것처럼 보이지만, 실제로는 북쪽으로 흘러내리고 있는 것이다. 물론 지중해로 흘러가는 동안 수많은 작은 강들로 나누어지게 된다.

나일 강과 삼각주(강이 바다로 흘러가는 곳에 있는 기름진 땅)는 역사가 시작된 이후로 사막의 생명줄이나 다름없는 역할을 해 왔다. 강줄기를 따라 형성된 마을은 인류 역사상 가장 크고 오래된 문명 중의 하나인 이집트 왕국을 이루었던 것이다. 지금도 이집트 인구의 95%가 나일 강 유역과 삼각주에 살고 있다.

## 사하라 사막 남쪽은 거대한 혼합체?

사하라 사막 남쪽에는 약 46개의 나라에 6억 명가량의 사람들이 살고 있다. 지리학자들은 아프리카를 둘로 나눠야 할 필요가 있을 때마다 북아프리카와 사하라 사막 이남 지역으로 분류를 한다. 왜냐하면 사하라 사막을 경계로 문화와 기후가 상당히 달라지기 때문이다.

북아프리카의 국가들은 일반적으로 이슬람교에 속하며 아랍 어를 사용한다. 사막 때문에 매우 건조하여 물이 많이 부족한 편이다. 사하라 사막의 남쪽은 이슬람교와 크리스트교, 힌두교 등의 종교와 수많은 민족들이 뒤섞인 거대한 혼합체이다.

사하라 사막 남쪽에 살고 있는 사람들은 적어도 13개 이상의 주요 언어를 사용하는데, 부족어까지 합치면 그 수가 수천에 이른다. 이곳은 열대성 초원 지대에다 산도 있고 열대 우림과 정글도 있어서, 북극 지방에서나 볼 수 있는 고유한 풍경들을 제외하고는 모두 감상할 수 있다.

## 사하라 사막은 무엇을 삼키고 있을까?

사하라 사막은 다른 사막들과 마찬가지로, 그 면적을 자꾸만 넓혀 가고 있기 때문에 주변의 땅들을 야금야금 삼켜 가고 있다 해도 과언이 아니다. 사막 근처에 살고 있는 사람들은 음식과 땔감이 필요하다는 이유로 이곳에서 자라고 있는 나무를 마구 잘라 내 버린다. 그러다 보면 이 지역을 지탱하고 있는 풀과 나무가 차츰차츰 사라져 건조한 사막으로 변해 갈 수밖

## 지리에 관한 한마디

"그들의 또 다른 관습 중 하나는 금요일마다 흰옷을 입는 것이다. 흰옷이 비록 해지고 낡은 것 한 벌뿐이라 할지라도 그것을 깨끗이 빨아서 금요일 기도회에 입고 나온다.
더욱 놀라운 일은 이슬람교의 경전인 코란을 외우는 데 쏟아붓는 강한 열정이다. 아이들이 코란을 못 외우면 외울 때까지 의자에서 내려오지 못하게 할 정도였다."

–이븐 바투타(약 1304~1374)가 저술한 《아시아와 아프리카 여행》이라는 책 중에서. 말리 공화국의 이슬람교에 관하여 쓴 부분.

때때로 '무슬림(이슬람교를 믿는 사람) 마르코 폴로'라고 불리기도 하는 이븐 바투타는 그 당시 가장 위대한 여행가 중의 한 사람이었다. 그는 아프리카 북서쪽에 있는 모로코의 꽤 부유한 가정에서 태어났으며, 이슬람교 경전인 코란을 공부하며 자랐다.
이슬람교도였던 그는 종교적인 의무로서 성지인 메카를 한 번은 꼭 방문하지 않으면 안 되는 입장이었다. 첫 여행은 그렇게 시작되었다. 하지만 그것이 도화선이 되어, 거의 30년 동안이나 북아프리카에서부터 서아시아 지역에 이르는 전 이슬람 세계를 돌아다니게 되었다.
이븐 바투타는 앞선 여행가들보다 더 많은 것들을 보기 위해 중국과 러시아까지 탐험하였다. 그가 지나간 길은 적어도 120,700km 이상에 이른다. 그는 달랑 낙타 하나에 몸을 실은 채, 오늘날의 여행가들보다 훨씬 더 많은 거리를 돌아다닌 셈이다.

에 없다. 이런 식으로 사막이 확장되는 현상을 가리켜 '사막화 현상'이라 한다.

## 사하라 사막은 원래 사막이 아니었다?

수천 년 전의 사하라는 지금보다 온도가 더 낮고 습했다. 그 당시 사람들은 자신들의 생활 모습을 바위에다 그려 놓길 좋아했다. 그것들 중 가장 오래된 그림에는 악어와 기린이 그려져 있다. 그 후 그림은 점차 다양해져 인간은 물론 자신들이 사냥한 코끼리나 하마, 그리고 자신들이 직접 기른 소를 그림으로 옮기기 시작했다.

**사하라**

'사하라'라는 말은 아랍 어로 사막을 뜻한다. 그런데도 우리가 그것을 '사하라 사막'이라 부르고 있으니, 결국 '사막 사막'이라고 하는 셈이다.

## 왜 검은 대륙일까?

유럽 사람들은 아프리카를 '검은 대륙'이라 부른다. 이것은 아프리카에 햇빛이 잘 들지 않아서 어둡다는 얘기가 아니다. 껌껌해서 속을 알 수 없을 정도로 신비롭다는 뜻이다. 15세기 이전의 유럽 사람들은 수천 년 동안이나 북아프리카하고만 교류를 하였다.

그래서 아프리카의 또 다른 쪽은 자연히 미지의 세계, 즉 신비의 세계로 남아 있을 수밖에 없었다. 유럽 사람들은 사하라 사막을 건너갈 수 없는 데다가, 낯선 것에 대한 두려움까지 있어서 짐짓 남쪽으로 항해하기를 꺼렸다. 적도 밑에는 물이 끓고 있으며, 사람을 잡아먹는 큰 뱀이 우글거린다는 소문이 나돌 정도였다.

지금도 아프리카에 대해서는 모르는 부분이 많다. 많은 사람들은 이집트 사람들이 신비로운 피라미드를 만들었다는 건 알고 있지만, 아프리카에 의외로 큰 왕국이 있었다는 사실은 잘 알지 못한다. 수백 년 전 콜럼버스는 무역과 산업, 종교, 교육 등의 중심지였던 말리 왕국과 가나 왕국, 그리고 송하이 왕국 등을 비롯한 여러 나라를 탐험하였다.

그 당시 가나 왕국에서는 엄청난 양의 금이 거래되고 있었다. 가나 왕국은 예전부터 금이 많이 나서 '황금 해안'이란 별명이 붙었는데 그 때문에 훗날 치열한 식민지 경쟁의 희생양이 되었다.

한편, 송하이 왕국에서는 대학이 발달해 있었다. 게다가 음악과 춤은 물론 금이나 은, 동, 상아 등으로 만든 예술 작품들이 곳곳에 널려 있어 이곳의 생명력을 생생하게 보여 주었다.

## 아프리카 해안엔 배가 정박할 수 없나?

아마도 대부분은 그럴 것이다. 약 600년 전 유럽 사람들이 아프리카의 서해안으로 항해를 떠났을 때는 이곳 해안에다 배를 댈 수가 없었다. 닻을 내릴 만한 곳이 없었기 때문이다. 아프리카 해안은 대부분 바위나 절벽으로 이루어져 있어서 배를 대기가 매우 힘들었다. 가끔 모래가 깔린 해변이 있기도 했지만, 파도가 심하게 치고 있어서 역시 배를 대는 일은 쉽지가 않았다.

그렇다고 배를 댈 곳을 찾기 위해, 아무런 정보도 없이 아프리카 대륙 깊숙이 탐험을 할 수는 없는 노릇이었다. 아프리카에 있는 강은 유달리 물살이 센 데다 폭포가 많아서 별탈 없이 통과하기란 거의 불가능하였다. 게다가 시시때때로 사막과 열대 우림, 정글 같은 것들이 앞을 가로막고 있질 않은가? 어쩌면 아프리카 사람들조차도 자신들의 대륙을 온전히 탐험한 사람은 없을지도 모르는 일이다.

## 검은 황금?

바로 아프리카 사람들을 가리키는 말이다. 맨 처음 유럽 사람들이 아프리카의 서해안에 상륙한 것은 인도로 가는 길을 찾기 위해서였다. 그러나 그들은 곧 아프리카에 황금보다 더 값진 것들이 널려 있음을 알아차렸다. 바야흐로 '검은 황금'이라 불렸던, 노예를 사고파는 무역이 역사의 새로운 장을 열게 되었던 것이다.

1500년에서 1850년 사이에 약 1,300만 명의 아프리카 흑인들이 유럽의 노예 사냥꾼들에게 붙잡혀서 강제로 식민지로 옮겨졌다. 아프리카의 몇몇 지도자들은 자기 부족이나 다른 부족의 사람들을 유럽의 노예 사냥꾼들에게 팔아먹기도 했다. 아프리카의 건강하고 힘이 센 흑인들은 이렇게 하여 강제로 자신의 집을 떠나는 신세가 되고 말았다.

## 아프리카의 나라 이름들은 왜 기억하기가 힘들까?

아프리카에 있는 나라의 수가 많기도 하지만, 나라 이름이 계속 바뀌었기 때문에 더욱더 외우기가 힘든 것이다. 1991년까지 아프리카의 식민 국가들이 유럽의 국가들로부터 모두 독립을 하였다.

많은 나라들이 유럽식 이름을 버리고 자유를 상징하는 이름으로 바꾸었다. 벨기에가 지배했던 콩고는 처음에 자이르라고 했다가, 나중에는 콩고 민주 공화국으로 다시 이름이 바뀌었다. 그리고 프랑스령 소말릴란드는 지부티가 되었고, 로데시아는 짐바브웨가 되었다.

## 아프리카의 호른(horn)은 소리를 낼 수 있을까?

여기서 말하는 호른은 악기의 종류가 아니라, 아프리카 동부에 있는 지명을 가리킨다. 그렇기 때문에 소리를 낼 수는 없다. 그러나 혹시라도 호른

### 지리에 관한 한마디

"우리 부족 사람들이 모두 일을 하러 나가고, 나와 여동생만이 남아서 집을 지키고 있을 때였다. 남자 두 명과 여자 한 명이 담을 넘어와 순식간에 우리를 잡아가 버렸다. 우리는 비명을 지르거나 저항할 틈도 없었다. 그들은 우리의 입을 막은 채 숲 속으로 끌고 갔다. 숲 속에서 우리는 손이 묶였다. 나는 발버둥을 쳐 보았지만 아무런 소용이 없었다. 그들은 내 입을 더 세게 막고는 큰 가방에다 집어넣어 버렸다.
다음 날은 그때까지 내가 경험한 것들 중에서 가장 고통스러운 일이 일어났다. 왜냐하면 그들이 나와 여동생을 떼어 놓았기 때문이다. 우리는 헤어지지 않으려고 서로를 꽉 껴안은 채 우리를 떼놓지 말아 달라고 애원하였다. 그러나 헛수고였다. 그들은 여동생을 나한테 떼어 내어 어디론가 데려가 버렸다."

—올라우다 에퀴아노, 아프리카 귀족으로 태어나 어렸을 때 노예가 된 흑인. 그는 11년 동안 노예 생활을 하다가 탈출하였다. 그리고 1756년, 그 저주스런 노예 제도가 사라지기를 희망하며 자서전을 펴냈다.

소리를 듣게 된다면, 그것은 분명 혼 곶(케이프 혼) 지역에서 나는 전쟁 소리일 것이다. 이곳은 코뿔소의 뿔처럼 생겼다 해서 혼(horn)이라 불리게 되었다. 에티오피아와 에리트리아, 지부티, 소말리아 등이 이 지역에 분포해 있는데, 지형을 보면 인도양 쪽으로 약간 튀어나와 있다.

이 지역의 국가들은 지난 몇십 년 동안 끊임없이 부족 전쟁을 일으켜서 많은 사람들이 목숨을 잃었다. 영양 부족으로 굶어 죽은 사람들도 무수히 많았다. 가뭄이 든 데다 낙후된 농사법 때문에 곡물 수확량은 턱없이 부족했다. 그런 데다 부족들 간의 전쟁으로 많은 자원과 돈을 낭비했기 때문에 더 이상 곡물 생산에 들일 돈이 남아 있지 않은 형편이었다.

## 아프리카는 왜 인구 밀도가 높을까?

아프리카에 있는 나라들의 인구 문제에 대해 한 번이라도 들어 본 적이 있는 사람들은, 막연히 이곳의 인구 밀도가 굉장히 높을 거라고 생각한다. 하지만 사람들은 아프리카 전역에 널리 퍼져서 사는 것이 아니라, 몇 군데에 모여 살고 있기 때문에 대부분의 지역에선 사람의 그림자조차 찾아보기가 힘들다.

특히 사하라 사막 이남 지역에서는 70% 이상의 사람들이 농사를 지을 수 있는 좁은 땅에 몰려 산다. 농경지라 하더라도 너무나 건조하기 때문에 식물들이 잘 자라지 못한다. 나머지 사람들은 나이지리아의 라고스나 콩고 민주 공화국의 킨샤사 같은 도시에 몰려 산다.

문제는 이 지역에서 수용할 수 있는 인원보다 훨씬 더 많은 사람들이 살고 있어서, 언제나 물과 식량이 부족하다는 것이다. 좁은 땅에 많은 사람들이 몰려 사는 것이 매우 큰 문제라는 걸 알고 있으면서도, 아프리카의 인구는 갈수록 폭발적으로 증가하고 있다.

사하라 사막 이남 지역에 있는 국가들은 지난 이삼십 년 사이에 인구가 두 배로 증가하였다. 그런 데다 아프리카에는 전쟁이나 가뭄으로 집을 떠나는 피난민들이 다른 대륙들보다 훨씬 더 많다. 아프리카 사람들은 새로운 지도자가 나타나, 그들을 가난에서 탈출시켜 주기만을 바라고 있을 뿐이다.

1. 다음 중 경계로 삼기에 적당한 것은?

① 나무판을 세워 놓은 곳　② 산맥이나 강
③ 아무렇게나 그려진 선　④ 언어나 문화가 서로 달라지는 곳

2. 남아프리카 공화국의 수도는?

① 프리토리아　② 케이프타운
③ 블룸폰테인　④ 위의 세 군데 전부

**문제 1번의 정답)**

②와 ④가 ①이나 ③보다는 더 적당한 답이 될 것이다. 자연적으로 생긴 경계가 아무래도 더 좋으니까. 사람들이 저마다의 이유를 대면서 임의로 경계를 그을 경우에는 언젠가 문제가 일어나게 마련이다.

이런 경우를 한번 생각해 보자. 어느 날 한 외국인이 나타나, 길 가운데다 선을 그은 뒤 여러분에게 외국어로 다음과 같이 말한다.

"내일부터 여러분은 다른 학교에 다녀야 하며, 아주 먼 곳에 살고 있는 대통령의 명령에 따라야 한다. 이 선 바깥쪽은 이제부터 다른 나라이기 때문에 길 건너에 있는 슈퍼마켓에는 더 이상 갈 수 없다."

이런 식으로 경계가 생긴다면, 무엇보다 가장 불편한 것은 즐겨 다니던 슈퍼마켓에 갈 수가 없게 되었다는 사실이다. 그보다 더 나쁜 것은 길 건너에 살고 있는 친한 친구와 더 이상 놀 수 없게 되었다는 점. 그나마 위안을 삼을 수 있는 일은, 우리 쪽에 얼짱이 있어서 함께 어울려 다닐 수 있다는 것 정도이다.

이와 같은 일이 1880년대의 아프리카에서 실제로 일어났다. 유럽 사람들은 아프리카 대륙 깊숙이 들어가서 자기들 마음대로 흑인들을 붙잡아 갔듯이, 아프리카의 땅덩어리도 서둘러 금을 그어 자기들 것으로 만들어 버렸다.

주로 영국과 프랑스, 독일, 이탈리아, 포르투갈, 벨기에, 에스파냐 등과 같은 유럽 국가들이었다. 그들은 자기들 마음대로 아프리카에 들어와서는 원주민들에게 교육과 크리스트교의 혜택을 받게 될 것이라고 떠들어 댔다. 아프리카 사람들이 원하는 것이 무엇인지, 예전부터 있어 온 부족의 경계가 어디였는지 등에 관해서는 전혀 상관하지 않았다. 그렇게 해서 아프리카는 다른 나라의 지배를 받는 식민지가 되고 말았다.

**문제 2번의 정답)** ④

남아프리카 공화국은 수도가 한 군데도 아니고 두 군데도 아니고 무려 세 군데나 된다. 프리토리아는 정부를 통치하는 행정 수도이고, 케이프타운은 법을 만드는 입법 수도이며, 블룸폰테인은 독립 법정을 갖고 있는 사법 수도이다.

5



# 중국의 만리장성이 우주에서도 보인다고?

## 세계에서 진기록을 가장 많이 가진 아시아 대륙

?!

아이스크림

루비나 에메랄드처럼 값나가는 것은 아니지만, 마르코 폴로가 동양에서 먹어 본 것 중 가장 인상적이었던 것은 아이스크림이었다. 얼어 있는 후식으로는, 아마 고대 로마에서 얼음에 향을 넣어 먹은 것이 최초일 것이다. 그러나 로마 제국이 멸망하면서 서양의 아이스크림도 덩달아 사라져 버리고 말았다. 그 후 마르코 폴로가 동양에서 아이스크림 제조법을 배워 왔다. 마르코 폴로가 배워 온 아이스크림 제조법은 우유를 주성분으로 하는 오늘날의 것과 상당히 유사한 방법이었다.

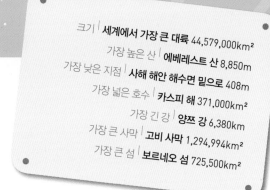

크기 | **세계에서 가장 큰 대륙** 44,579,000km²
가장 높은 산 | **에베레스트 산** 8,850m
가장 낮은 지점 | **사해 해안 해수면 밑으로** 408m
가장 넓은 호수 | **카스피 해** 371,000km²
가장 긴 강 | **양쯔 강** 6,380km
가장 큰 사막 | **고비 사막** 1,294,994km²
가장 큰 섬 | **보르네오 섬** 725,500km²

## 아시아에는 진기록이 많다?

'세계에서 가장 키가 큰 사람' 또는 '세계에서 가장 큰 호박'과 같은 진기록을 전시하는 박람회장처럼, 아시아에는 세계에서 '가장 큰' 또는 '가장 많은'이라는 말이 들어갈 만한 것들이 정말로 많이 있다.

무엇보다 아시아는 세계에서 가장 큰 대륙이며, 가장 많은 사람들이 살고 있는 곳이다. (2012년 기준 3,879,000,000명, 즉 전 세계 인구 10명 중 6명이 이곳에 살고 있다.)

아시아에는 세계에서 가장 큰 나라인 러시아(면적 17,098,242km², 러시아 영토의 약 4분의 1정도는 유럽에 속해 있고, 나머지 부분은 아시아에 속해 있다.)와 세계에서 인구가 가장 많은 두 나라, 즉 중국(1,338,612,968명)과 인도(1,156,897,766명)가 있다.

또한 아시아에는 세계에서 가장 높은 산인 에베레스트 산이 있으며, 지구상에서 가장 낮은 곳인 사해가 있다. 그 외에도 아시아의 카스피 해는 지구상에서 가장 큰 호수이다. (사실 호수이지만, 이름에는 바다를 뜻하는 '~해(海)' 자가 붙어 있다.)

## 전 세계에서 가장 많은 사람들이 쓰는 언어는?

여러분은 아마 영어라고 생각할지도 모르겠다. 하지만 실제로 가장 많은 사람들이 쓰는 언어는 중국어이다. (중국이 세계 어느 나라보다도 인구가 많다는 사실을 생각하면 쉽게 이해할 수 있을 것이다.)

인도어는 두 번째로 많은 사람들이 쓰고 있는 언어이며, 그다음은 스페인 어, 영어, 방글라데시 어, 아랍 어 순이다. 적어도 1백만 명 이상의 사람들이 쓰고 있는 언어의 개수만 센다 하더라도 세계에는 2백 가지가 넘는 언어가 있다.

## 히말라야 산맥은 해마다 점점 더 높아진다?

사실이다. 히말라야 산맥은 지구상에서 가장 높은 산들이 있는 곳일 뿐 아니라 해마다 점점 더 높아지고 있는 해괴한(?) 산이다. 그 이유는 히말라야 산맥이 만들어진 과정에서 찾을 수 있다. 제1장에서 설명한 대륙 이동과 판 구조론으로 되돌아가 보자.

4~6천만 년 전, 인도 대륙의 판이 아시아 대륙의 판을 밀어서 위로 들어

올렸다. 이 두 판이 만나는 곳은 마치 아코디언처럼 접혀져서 위로 솟아올랐다.

아래에 있는 판과 위 있는 것에 있는 판 사이의 압력 때문에 아직도 1년에 1cm, 그러니까 대략 어른의 손톱 길이 하나만큼씩 산들의 높이가 높아지고 있는 것이다.

## 아시아 남부 지방에서 여름 내내 들리는 소리는?

"비가 온다. 비가 쏟아진다……."

여름 내내 대양에서 불어오는 계절풍(몬순)은 큰비를 몰고 온다. 계절풍은 계절에 따라 방향이 바뀌는 바람을 가리킨다. 겨울철 육지에서 바다 쪽으로 바람이 불 때에는 건조한 바람이 분다. 반면에 여름철 바다에서 육지로 불 때는 덥고 습한 바람이 분다. 그래서 여름에 부는 바람은 많은 비를 몰고 온다.

비가 온다는 것은 좋은 걸까, 나쁜 걸까? 경우에 따라 다르다. 남부아시아에는 계절풍이 불 때 내리는 이 비를 반기게 마련인 농부들이 많다. (중앙아프리카와 북오스트레일리아에서도 마찬가지다.) 특히 동남아시아 지역의 쌀 농사는 여름철에 무지무지 덥고 비가 많이 내려야 잘 된다.

그러나 비가 항상 좋은 것만은 아니다. 너무 늦게 내리거나 아예 내리지 않는다면 먹을 식량이 없어지기 때문이다. 반면에 너무 많이 내리면? 홍수가 나서 농작물과 집들이 다 떠내려가 버리고 만다.

## 왜 히말라야 산맥의 한쪽에만 비가 내릴까?

히말라야 산맥에는 매우 높은 산들이 많다. 그 산들이 남부아시아를 가로막는, 높은 벽 구실을 한다. 그래서 산 한쪽에만 비가 내리고, 반대쪽은 오히려 건조한 경우가 많다.

높은 산들은 구름이 지나가는 데 방해가 된다. 바다에서 불어오는 바람은 많은 습기를 포함하고 있는데……. 만약 바람이 부는 방향에 산이 가로막고 있다면, 바람은 산을 타고 넘어갈 수밖에 없다. 그렇게 산을 넘어가는 도중에 습한 바람의 온도가 내려가면서 구름이 만들어지는 것이다. 결국 산이 가로막고 있기 때문에 구름은 바람이 불어오는 쪽에다 비를 뿌린 뒤, 산 반대편으로 넘어가서는 건조한 바람이 되는 셈이다.

히말라야 산맥에서 바람이 불어오는 쪽에는 1년에 500~1,500cm 정도의 비가 내린다. 반면에 그 반대쪽에는 대개 25cm도 안 되는 적은 양의 비가 내린다.

## 누가 맨 처음 도시를 세웠을까?

도시는 단지 필요에 의해 생겨났을 뿐이다. 그러나 최초로 도시를 이루고 살았던 사람이 누구인지 말해야 할 필요가 있다면, 아마도 고대 메소포타미아 사람들과 이집트 사람들이라고 하면 될 것이다.

최초의 인류는 먹을 것을 찾기 위해 사냥을 하면서 이곳저곳으로 이동하는 생활을 시작했다. 그러다 약 1만 년 전부터 농사를 짓기 시작하자, 모든 것들이 변하기 시작하였다. 무엇보다 농사를 지으면서 사냥이나 수렵을 하는 것보다 훨씬 더 많은 사람을 먹여살릴 수가 있었다.

뿐만 아니라 나중에는 동물들을 키워서, 재배한 곡식들을 사람들이 많은 곳으로 운반할 수 있게 되었다. 또 어떤 사람들은 농사 짓는 일 외에도 자기가 잘 할 수 있는 일들을 찾아서 할 수 있었다.

세계 최초의 문명은 아시아의 기름진 강가에서 발생했다. 중국의 황허 유역, 서아시아 지방의 티그리스 강과 유프라테스 강 유역, 이집트의 나일 강 유역 등이 모두 문명이 생겨난 곳이다.

최초의 도시 또한 아시아에서 생겨났다. 그 도시들은 지중해 근처와 중동 지역에서 번성했던 고대 제국의 수도였다. 세계에서 가장 큰 제국은

5~6천 년 전, 티그리스 강과 유프라테스 강 사이의 메소포타미아 지방(오늘날의 이라크 지역)에 건설된 수메르 제국이었다. 수메르 제국의 수도 우르는 고대 이집트의 수도였던 테베·멤피스 등과 같은 시기에 형성되었다.

## 다음 중 아시아에서 발명되거나 개발된 것은?

천문학, 동물 사육법, 밀 재배법, 바퀴, 도자기, 철제 도구, 부싯돌, 크리스트교, 이슬람교, 유대교, 알파벳, 도시, 활과 화살, 달력, 문방구, 숫자 0의 발견, 하수구, 벽돌, 숯, 지도, 직물, 유리, 증기, 연, 계산기, 나침반, 맥주.

위의 것들, 전부 다 맞다.

## 중국의 만리장성을 보고 놀라는 이유는?

만리장성은 지구상에서 가장 큰 인조 건축물로서, 그 길이가 무려 6,700km(직선 거리로는 2,700km)에 달한다. 뱀처럼 구불구불하기 때문에 실제 길이는 직선 거리의 두 배가 넘는다. 밤낮으로 걸어서 하루에 40km씩 걷는다고 하면, 끝에서 끝까지 걸어가는 데만 23주 이상이 걸린다.

만리장성은 북쪽에 살고 있는 흉노족을 방어할 목적으로 만들었다. 다행히 남쪽에는 히말라야 산맥이 가로막고 있어서 천연의 방어벽 구실을 톡톡히 해 주었다. 그러므로 남쪽으로부터의 침입은 걱정할 필요가 없었다.

만리장성은 기원전 221년 중국을 최초로 통일한 진나라의 시황제 때부터 만들어지기 시작했다. 성벽을 쌓는 일은 매우 힘들고 어려운 작업이었기 때문에 공사 도중에 수많은 사람들이 목숨을 잃었다. 죽은 사람들의 시체를 그 자리에 묻은 다음, 그 위에 흙과 돌을 쌓아 성벽을 만들었다는 소문이 나돌 정도였다.

2000년이 넘는 기간 동안, 중국을 지배한 많은 통치자들은 계속해서 성벽을 쌓고 망루를 만들었다. 현재 남아 있는 것들은 모두 명나라 때 만들어진 것이다. 성벽의 높이가 7.6m에 달하며, 두께도 자그마치 3.7m나 된다. 가히 그 자체만으로도 위협적이라 아니할 수 없다. 보초병들도 성벽의 규모만큼이나 어마어마하게 필요했음은 두말할 것도 없다.

그럼에도 불구하고 북쪽의 몽골족은 두 차례나 만리장성을 넘어 들어갔다. 13세기 때 성벽을 부수고 쳐들어간 적이 있었으며, 1644년경에 또다시 만리장성을 넘어 중국을 정복한 적이 있었다.

## 비단길은 부드럽고 아름다운 비단으로 만들어졌을까?

비단길은 결코 부드럽지 않다. 이 길은 기원전 110년경에 처음 생겨났는데, 무역에 있어서 아주 중요한 역할을 담당하였다. 중국 서쪽의 지중해와 동쪽을 잇고 있는 이 길은 길이가 무려 6,400km에 이른다. 뿐만 아니라 아시아에서는 가장 험한 길에 속한다. 바위가 많아서 땅이 울퉁불퉁한 데다, 햇볕이 강렬하게 내리쬐는 사막까지 끼여 있기 때문이다.

아무튼 아시아를 동서로 이어 주고 있는 이 길은 비단과 보석, 향료, 기술, 지식, 사상, 종교 등이 전달되는 통로 구실을 너끈히 담당하였다. 그때 중국의 비단이 이 길을 통해 서쪽으로 전해졌기 때문에 이 길의 이름을 비단길이라 부르게 되었다.

## 마르코 폴로는 중국에 다녀와서 무슨 얘기를 했을까?

유럽 사람들과 아시아가 관련될 경우, 종종 이야기가 다소 엉뚱한 방향으로 빗나갈 때가 있다. 마르코 폴로는 베니스에서 상인의 아들로 태어났다. 그는 유럽에서 중국으로 간 사람들 중에서 가장 많이 알려진 사람이다.

비단길이 뚫린 지 천년이 넘은 때였지만, 유럽 사람들에게 아시아는 여전히 신비로운 세계였다.

사실 그 전까지는 실제로 중국에 들어가 본 사람이 거의 없었다. 상인들조차 유럽에서 중국으로 통하는 교역망을 통하여 상품을 교류했을 정도였다. 그러나 1245년경 상황은 급속히 바뀌었다. 몽골족이 동양과 서양을 모두 정복하여, 양쪽 사이의 통행을 좀 더 쉽게 만들었던 것이다.

마르코 폴로는 1271년 아버지와 삼촌을 따라, 십대의 나이로 3년 반 동안 걸어서 중국에 다다랐다. 그는 중국 황제 쿠빌라이 칸의 도움으로, 17년 동안 아시아를 여행하며 돌아다녔다. 그리고 나서 유럽으로 돌아간 다음

지리에 관한 한마디

"이곳에 쿠빌라이 칸이 기거하는, 대리석을 비롯한 각종 장식 용품들로 만들어진 거대한 궁궐이 있었다. 복도와 방은 모두 금으로 입혀져 있었을 뿐 아니라, 건물 전체가 호화스럽게 장식되어 있었다. ……궁궐 안에는 아름다운 정원이 있었는데, 황제는 거기다 대나무로 궁궐을 또 하나 지어 두었다.
그 궁궐 속의 궁궐 또한 금으로 입혀져 있었는데, 아주 정교하게 만들어진 짐승과 새들로 장식되어 있었다. ……지붕은 대나무로 만들어져 있었는데, 번쩍번쩍 광이 날 정도로 매만져서 방수가 절로 되었다. ……그리고 이곳은 200가닥이 넘는 비단실로 엮어 놓아, 황제가 원하면 언제라도 옮길 수 있도록 설계되어 있었다."

–마르코 폴로가 쓴 《마르코 폴로의 여행》이라는 책에서. 1275년경 북경에 있는 쿠빌라이 칸의 정원에 대해서 쓴 부분.

사람들에게 루비와 에메랄드, 다이아몬드 따위의 보석들을 보여 주면서, 그동안 자신이 보아 온 진귀하고 호화로운 것들에 대한 이야기 보따리를 풀어 놓았다.

사람들은 금과 은으로 치장된 궁전과 화약을 터뜨리며 즐기는 폭죽놀이, 인쇄된 책, 그리고 종이로 만든 돈에 관한 이야기들을 들으면서도 도무지 믿으려 하지를 않았다.

그때만 해도 이러한 이야기들이 유럽 사람들에게는 너무나도 충격적이어서, 되레 '그가 거짓말을 하고 있겠거니…….'라고 생각하는 쪽이 더 일반적이었다.

## 아랍이나 중국 사람들은 왜 아메리카 대륙을 발견하지 못했을까?

그들은 유럽 사람들처럼 무역을 하기 위해 새로운 길을 찾아야 할 필요가 없었기 때문이다. 그래서 다른 세계를 애써 찾아다니려고 하지 않았다. 중세 시대에 이미 아랍 사람들은 아시아와 무역을 하고 있었다. 그런 데다 유럽 사람들이 크리스트교를 전파하려고 노력했던 데 비해, 그들은 자신들의 종교인 이슬람교를 굳이 다른 곳에까지 전파하려 애쓰지 않았다.

중국 사람들도 자신들이 생활하는 데 필요한 것들을 이미 다 갖추고 있었기 때문에, 굳이 무역을 하기 위한 대상을 찾으려 하지 않았다. 그들은 외부에서 온 사람들을 특별히 반기지도 않았다. 오히려 외부 사람들이 중국으로 들어오는 것을 막기 위해서 만리장성을 그토록 높이 쌓지 않았던가?

아무튼 중국 사람들은 세계 최초로 엄청나게 큰 배를 만들고 나침반을 발명해서 남쪽 바다를 항해했다. 그렇지만 인도와 아프리카 동부, 인도네시아까지만 둘러본 뒤, 곧바로 자기네 나라로 되돌아갔다.

## 옛날엔 서아시아 지방이 세계의 중심이었다고?

서아시아는 유럽 사람들에게 중동이라 불렸는데, 이 말은 '가운데의 동쪽'이란 뜻이다. 여기서 '동쪽'은 아시아를 뜻한다. 유럽 사람들의 관점에서 봤을 때, 아시아는 유럽의 동쪽에 있기 때문에 이런 이름이 붙여진 것이다.

아시아는 매우 넓은 지역이다. 그래서 유럽 사람들은 한때 다른 나라들을 근동 지방(동유럽, 서아시아, 북아프리카), 극동 지방(동남아시아, 중국, 한국, 일본), 중동 지방(근동 지방과 극동 지방의 사이에 있는 나라들) 등으로 나누어 불렀다. 지금은 중동 지방이라 하면, 대개 이스라엘과 이집트, 아라비아 반도(사우디아라비아와 그 주변 국가)에 있는 나라들을 가리킨다. 즉 서남아시아 지방을 뜻한다.

고대에는 이 중동 지방이 세계의 중심이었다. 아시아와 유럽, 아프리카 등 세 대륙을 이어 주는 곳이 바로 중동 지방이었기 때문이다. 동쪽에서 서쪽으로 가려면 반드시 이곳을 지나가야 했다. 그래서 이곳에 있던 이집트와 바빌로니아, 로마, 그리스, 아랍, 오스만 제국과 같은 고대 제국들이 번영할 수 있었다.

## 이 세상에서 가장 검고 끈적거리는 보물은?

석유다. 석유는 매우 값진 자원이지만 안타깝게도 재생할 수가 없다. 석유는 섬유와 카펫, 세제, 화장품, 아스피린, 플라스틱, 치약 등을 만드는 원료로 사용되고 있다. 또한 자동차와 배, 비행기 등의 연료로도 쓰인다. 뿐만 아니라 우리가 살고 있는 집과 건물의 난방에도 사용된다.

아라비아 반도의 사막에는 전 세계 석유의 3분의 1이 묻혀 있어서, 이 지역에 있는 나라들의 영향력이 상당히 커졌다. 1930년대에 처음으로 이곳에 석유가 매장되어 있다는 사실이 알려졌다.

그 후 목축과 천막 생활을 해 오던, 가난하기 그지없던 이곳에 많은 사업가들이 드나들기 시작했다. 그리고 순식간에 높은 빌딩들이 들어서면서 부유한 땅으로 변모하였다. 하지만 아무리 많은 석유와 돈이 흘러넘쳐도 해결 안 되는 것이 하나 있다. 바로 물이다. 이곳의 모래땅에는 인간이 살아가는 데 없어서는 안 될, 그 귀중한 물이 없다. 아라비아 반도의 사막에는 물을 퍼 올릴 강줄기 하나 없기 때문이다.

## 러시아에 사람이 많이 살지 않는 이유는?

사람들이 살기에 적합하지 않은 기후 때문이다. 시베리아로 더 잘 알려진 러시아 북부 지방은 러시아 전체 면적의 절반 이상을 차지하고 있다. 그러나 러시아 전체 인구의 약 20%도 안 되는 사람들만이 살고 있다. 날씨가 추워서 늘 땅이 얼어 있는 데다, 겨울철에는 태양을 거의 볼 수가 없기 때문이다.

시베리아는 남극 대륙 다음으로 추운 곳이다. 여기는 사람이 살지 않는 황량한 곳이어서, 러시아의 지배자들은 죄수들의 유배지로 즐겨 이용하였다. 그럼에도 불구하고 시베리아의 몇몇 원주민들은 순록을 키우면서 꿋꿋이 이 땅을 지키고 있다. 하지만 다른 사람들은 이곳에서 채 1년을 버티기가 힘든 게 사실이다.

시베리아 남쪽에는 타이가 기후 지대라고 불리는, 1년 내내 푸른 숲이 있는 곳이 있다. 그러나 날씨가 춥기 때문에 이곳에도 사람은 거의 살지 않는다. 대부분의 러시아 사람들은 남서쪽에 있는 스텝 기후 지대(나무는 거의 없고, 풀만 자라는 평원)와 모스크바, 상트페테르부르크와 같은 큰 도시 지역에 모여 살고 있다.

## 시베리아엔 천연자원이 있을까?

시베리아에는 석탄과 석유 및 각종 광물이 풍부하게 쌓여 있다. 그러나 1년 내내 땅이 얼어 있기 때문에 채취하기가 힘들어서 이용이 거의 불가능하다. 시베리아에서 가장 아름다운 천연자원은, 세계에서 가장 깊은 호수인 바이칼 호이다. 바이칼 호에는 다른 곳에서는 찾아볼 수 없는 1,500여 종의 동물들이 살고 있다.

그러나 수정처럼 맑고 깨끗하며 평화로운 이 호수도 개발이 시작되면서 오염이 되고 말았다. 나무를 무자비하게 잘라 낸 데다 산업 폐수까지 흘러 들어서이다. 그나마 지금은 러시아와 여러 나라의 과학자들이 힘을 모아, 이곳을 예전의 모습으로 되돌리려고 많은 노력을 기울이고 있다.

## 인도에선 부모가 짝을 정해 준다?

부모가 힌두교를 믿고 있다면 아마도 그럴 것이다. 인도 사람의 약 80%가, 이 세상에서 가장 오래된 종교인 힌두교를 믿고 있다. 힌두교는 인도에서 시작되었으며, 힌두교를 믿는 사람들의 대부분이 아직도 인도에 살고 있다.

힌두교에서는 많은 신들을 숭배한다. 뿐만 아니라 모든 생물들은 죽은 뒤 자신의 영혼을 가지고 다시 태어난다는 환생의 교리를 믿고 있다. 뭐니 뭐니 해도, 힌두 교리를 따르는 전통적인 생활 방식 중 하나는 바로 카스트 제도이다.

카스트 제도는 사회 계급을 네 단계로 분류한다. 즉 제1계급(성직자와 학자), 제2계급(군인과 정치가, 지주), 제3계급(농부와 상인), 그리고 제4계급(장인과 노비, 소작인) 등이다. 카스트 제도의 최하층에는 천민이 있다. 서로 다른 계급들 간에는 교류가 전혀 없을 뿐 아니라, 직업을 정하거나 결혼을 할 때에도 많은 제약을 받게 된다. 이 나라에서 상위 계급으로 가기 위한 유일한 방법은 다음 세상에서 환생하는 길뿐이다.

많은 사람들이 이처럼 엄격한 카스트 제도에 반대를 해 왔다. 이 제도는 영국이 인도를 지배하는 동안(1858~1947) 부분적으로 붕괴되었으며, 비폭력주의를 선언한 마하트마 간디(1869~1948)에 의해서 또 상당 부분이 사라지게 되었다.

서로 다른 계급의 사람들이 뒤섞여 사는 도시에서는 예전보다 그 정도가 훨씬 덜해졌다고 하지만, 그래도 여전히 인도 사람들의 생활 속에는 카스트 제도의 잔재가 많이 남아 있다. 법으로 엄연히 금지를 하고 있긴 하지만…….

## 인도의 공용어는 모두 몇 개일까?

아삼 어, 벵골 어, 구자라트 어, 힌디 어, 칸나다 어, 카슈미르 어, 말라얄람 어, 마라타 어, 오리야 어, 펀자브 어, 산스크리트 어, 신드 어, 타밀 어, 텔루구 어, 우르두 어 등등. 이 모두가 다 인도의 공용어이다. 공용어가 열다섯 가지나 되는 까닭은, 인도에 살고 있는 사람들의 인종이 그만큼 다양하기 때문이다.

약 6000년 전에 남아시아를 침략했던 아리아 사람들로부터 시작하여 많은 사람들이 인도로 이주하였다. 그들은 인도의 여러 지역에 흩어져 살면서 자신들의 언어를 그대로 사용하였다. 그중 힌디 어는 인도 인구의 절반 가량이 사용하는 언어이다. 그리고 영어가 제2의 언어로 사용되고 있는데, 이것은 인도가 과거에 영국의 지배를 받았기 때문이다.

## 일본이 세계적인 경제 대국으로 성장한 까닭은?

"누가 레몬을 주면 레몬에이드로 만들어라."

즉 신맛이 나는 것을 받았을 때, 그 것을 사용하여 단맛이 나는 것으로 바꾸라는 뜻이다.

일본은 미국·독일과 함께 세계 3대 무역 대국의 하나이다. 아주 부유하고 생산력이 높은 나라지만, 지리적으로는 많은 어려움을 지니고 있다. 일본은 태평양 연안의 화산대에 위치하고 있으며, 많은 섬들로 이루어져 있다. 40여 개의 활화산이 있으며, 1년에 열다섯 번 정도 큰 지진이 일어난다. 석유는 거의 나지 않으며, 국토의 15% 정도만이 농사를 지을 수 있는 땅이다. 그러나 여기서 나오는 곡식만으로도 그 나라 사람들을 먹여살리는 데에는 아무런 문제가 없다.

**제3세계**

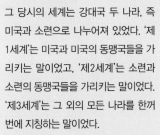

마치 공상 과학에 나오는 말처럼 들릴지도 모르지만, 실제로는 그렇게 거창한 말이 아니다. '제3세계'라는 말은 1950년대에 처음 사용되었는데, 아시아와 아프리카, 남아메리카 등의 가난한 저개발 국가를 뜻하였다.

그 당시의 세계는 강대국 두 나라, 즉 미국과 소련으로 나누어져 있었다. '제1세계'는 미국과 미국의 동맹국들을 가리키는 말이었고, '제2세계'는 소련과 소련의 동맹국들을 가리키는 말이었다. '제3세계'는 그 외의 모든 나라를 한꺼번에 지칭하는 말이었다.

그러나 1991년 소련이 해체되자, 이러한 구분은 아무런 의미가 없게 되었다. 비록 지금도 '선진국'이니 '개발 도상국'이니 하는 말들을 쓰고는 있지만, 대부분의 사람들은 어떤 나라가 다른 나라보다 우위에 있다는 듯한 뜻을 품고 있는 말은 가급적 쓰지 않으려 한다.

뭐니 뭐니 해도 일본의 강점은 많은 아이디어와 에너지, 기술 등에 있다. 그리고 교육 수준이 높은 사람들이 공통의 목표를 향해 열심히 노력한다는 것. 섬에 사는 사람들이 대개 그렇듯이, 일본인들도 대부분 물고기를 잡아먹으며 쌀을 주식으로 하고 있다.

그리고 그들은 산업과 기술에 매우 많은 돈을 투자하고 있다. 게다가 열심히 일하는 그들 특유의 문화는 최고의 상품들을 만들어 내게 하는 원동력이 되고 있다. 1990년대에 접어들면서 일본은 텔레비전과 비디오, 전자레인지, 컴퓨터, 복사기, 냉장고, 시계, 카메라와 같은 전자 제품들을 세계에서 가장 많이 만들어 파는 나라가 되었다.

## 13,000개의 섬을 모두 합하면?

한 나라를 만들 수 있다. 정확하게 말하면 인도네시아이다. 동남아시아의 몇몇 나라들은 다도해(많은 섬이 모여 있는 바다)에 있다. 인도네시아는 13,000개의 섬으로 이루어져 있으며, 필리핀 또한 수천 개의 섬으로 이루어져 있다. 이곳 열대 지방에 부는 계절풍을 타고 들어온 유럽 사람들은 아시아의 종교와 전통, 옷, 망고와 같은 상품들을 유럽에 전파해 주었다.

1. 만약 여러분이 '세계의 지붕'에 있다고 한다면, 실제로는 어디에 있는 것일까?
   ① 구름에 매달려 있다.
   ② 세계에서 가장 높은 건물인 말레이시아의 페트로나스 타워 꼭대기 층에 있다.
   ③ 히말라야 산맥에 있다.

2. 이스라엘의 예루살렘은 어느 종교의 성지일까?
   ① 유대교 ② 이슬람교 ③ 크리스트교
   ④ 힌두교 ⑤ 불교

3. 세계에서 가장 높은 빌딩은 어디에 있을까?
   ① 타이완의 타이베이 ② 미국의 시카고
   ③ 아랍에미리트의 두바이 ④ 말레이시아의 콸라룸푸르

**문제 1번의 정답)** ③
히말라야 산맥은 해수면에서부터 높이를 측정했을 경우, 세계에서 가장 높은 산들이 모여 있는 산맥이다. 히말라야 산맥 너머에는 중국의 티베트 고원이 있다. 고원이란 높은 곳에 있는 평평한 땅을 일컫는다. 이곳의 평균 높이는 해발 4,500m인데, 지구상에서 가장 높은 곳이어서 '세계의 지붕'이라 불린다.

**문제 2번의 정답)** ①, ②, ③
유대교, 이슬람교, 크리스트교 등은 수천 년 전 서아시아에서 시작되었다. (반면에 힌두교와 불교는 인도에서 시작되었다.) 서아시아 지방에서 발생한 3대 종교는 모두 예루살렘과 관계가 있다. 유대교도들에게 있어 예루살렘은 이스라엘의 고대 수도였고, 크리스트교도들에게 있어 예루살렘은 예수가 십자가에 못박혀 죽어서 묻혔다가 다시 부활한 곳이다. 또한 이슬람교도들에게는 마호메트가 하늘로 올라간 곳이어서 의미가 깊다. 오늘날 이 세 종교를 믿는 사람들은 예루살렘이 모두 자기들에게 신성한 곳이기 때문에 서로 차지하려고 싸움을 벌인다.

**문제 3번의 정답)** ③
아랍에미리트 두바이의 신도심 지역에 건설된 부르즈 두바이는 삼성건설이 시공에 참여하였고, 2009년 828m 높이로 완공되어 2010년 10월에 개장하였다. 지금은 아랍에미리트의 대통령 이름을 따서 부르즈 할리파로 개명되었다. 또 나킬 개발이 추진하는 알 부르즈가 약 1200m 높이로 건설될 예정이다. 굴착 공사는 시작을 했지만 2009년 두바이의 경제 위기로 지금은 건축 계획이 보류된 상태이다.

6

Don't Know Much About Planet Earth

# 왜 세계의 많은 사람들은 영어를 사용할까?

## 세계적인 문화의 중심지, 유럽 대륙

?!

바티칸시티

전 세계에서 가장 작은 독립 국가는 이탈리아의 로마에 있는 바티칸시티이다. 이 작은 나라에는 로마 가톨릭 교회의 본부가 있는데, 면적이 0.4km² 정도밖에 되지 않는다. 인구는 약 1천 명 가량에 불과하지만, 바티칸시티에도 독자적인 여권과 동전, 우표, 라디오 방송국 등이 있다.

크기 | **세계에서 여섯 번째로 큰 대륙** 10,530,750km²
가장 높은 산 | **엘브루스 산** 5,642m
가장 낮은 지점 | **카스피 해(유럽 지역) 해수면 밑으로** 28m
가장 넓은 호수 | **라도가 호** 17,703km²
가장 큰 섬 | **영국** 218,100km²

## 유럽이 끝나고 아시아가 시작되는 곳은?

세계 지도를 보면, 유럽이 큰 반도(아시아 대륙에 붙어 있으며, 삼면이 바다로 둘러싸인 육지)라는 것을 알 수 있다. 그러나 유럽의 문화와 종교, 역사, 정치, 언어 등은 아시아와 상당히 다르다. 그래서 지리학자들은 아시아와 유럽이 붙어 있지만, 편의상 우랄 산맥과 카스피 해, 그리고 흑해를 기준으로 해서 대륙을 둘로 나눈다.

러시아와 터키는 양 대륙에 걸쳐 있어 유럽과 아시아 중 어느 한 군데에 속한다고 말하기 어렵다. 또 두 대륙에 걸쳐 있는 도시도 있다. 터키의 이스탄불이다. 이곳에는 흑해와 마르마라 해를 연결하는 보스포루스라는 해협이 있는데, 이 해협은 유럽과 아시아 사이의 경계 역할을 하고 있다.

## 그리스·로마 신화 속의 트로이는 실제로 있었을까?

있었다. 그런데 트로이는 불행하게도 무너졌다 세워졌다를 수차례 반복하였다. 그 가운데서 가장 유명한 것은 터키의 서부 지역에 있었던 고대 도시 트로이다. 2800년 전 그리스 시인 호메로스가 읊은 대서사시《일리아스》에 나오는 바로 그 전설 속의 장소다. 그리스와 트로이가 10년에 걸쳐서 격렬하게 전쟁을 벌였던…….

《일리아스》에 따르면, 10년간의 전쟁 끝에 그리스가 승리를 할 수 있었던 것은 나무로 만든 말 때문이라고 한다. 그리스는 나무로 커다란 말을 만든 뒤, 그 안에다 병사들을 숨겨 트로이 성벽 바깥에다 놔두었다. 그리스의 속내를 모르는 트로이 사람들은 난데없이 나타난 그 말을 신기하게 여겨 성 안으로 끌고 들어갔는데…….

뜻밖에도 그 말 안에서 그리스 병사들이 쏟아져 나와 성 밖에 있던 군사들을 안으로 모조리 끌어들였다. 그리하여 트로이는 결국 멸망하고 말았으며, 이 도시는 소리 없이 땅속에 묻혀 버리게 되었다.

1400여 년 전 독일의 고고학자 하인리히 슐리만에 의해 이 트로이의 유적이 발굴되기 전에는 아무도 고대 트로이가 실제로 있었는지 어쨌는지를 알지 못했다. 하지만 유적이 발굴됨으로써 트로이는 여덟 차례에 걸쳐 무너졌다가 다시 건설되었음이 명백하게 증명되었다.

## 15세기 유럽에 번졌던 병은?

탐험병이라고 하는, 아주 고약한 병이었다. 마르코 폴로의 이야기는 인도와 중국 등 아시아에 있는 '향료의 섬'에 가고 싶어 하는 유럽 사람들의 열정을 전보다 더 자극하였다. 그들은 비단과 향료, 값진 보석 따위의 무역을 독점하는 사람은 누구든 부자가 되고 권력을 잡을 수 있다는 사실을 알고 있었다.

그래서 마르코 폴로가 산과 사막을 지나 새로운 세계로 간 것과는 달리, 바다를 건너서 아시아로 가는 길을 찾기 시작했다. 그들의 생각은 '일단 아프리카를 돌아가 보자.' 하는 것이었다. 그런데 문제는 그들 중 아무도 아프리카가 얼마나 큰지를 알지 못했다는 데에 있었다. 남쪽으로 얼마나 가야 할까? 정말로 아프리카를 돌아가는 길이 있을까?

그리스 사람들은 약 2000년 전부터 지구상에는 북쪽의 땅과 균형을 맞추기 위해서, 남쪽 끝에도 북쪽에 있는 땅의 크기만 한 대륙이 더 있을 것이라고 추측하였다. 아프리카가 미지의 남쪽 땅과 연결되어 있으리라고 생각한 것이다. 그런데 탐험가들이 그보다 더 심각하게 고려한 것은, 아프리카 주변에 정말로 물이 끓고 있는지, 사람을 잡아먹는 뱀이 있는지 하는 것들이었다.

유럽의 한 젊은이는 이런 이야기들이 모두 황당한 것이라고 생각했다. 바로 포르투갈의 엔리케 왕자였다. 그는 호기심이 매우 많은 성격이었지만, 단독으로 항해를 하지는 않았다. 그는 열다섯 번이나 원정대를 꾸려서 아프리카 남쪽에 있는 미지의 땅으로 보냈다. 엔리케 왕자의 원정대는 그리 멀리까지 가지는 못했지만, 1460년 엔리케가 죽을 때까지 위협적으로 생긴 괴물이나 끓는 물을 만나지는 않았다. 이 원정대는 포르투갈의 다른 탐험가들에게 아프리카로 향하는 길을 열어 주는 계기가 되었다.

그러고 나서 1487년에는 바르톨로뮤 디아스가 아프리카의 희망봉에 도착하였고, 그로부터 10년이 지난 후에는 바스코 다 가마가 아프리카 남단을 돌아 인도로 가는 길을 열었다.

## 영국, 영국 연합?

영국(잉글랜드)은 영토를 갖고 있는 하나의 나라이다. 잉글랜드와 스코틀랜드, 웨일스는 모두 그레이트브리튼 섬에 속해 있으며, 그 나라 사람들을 가리켜 영국 국민이라 한다. 이 세 나라와 북아일랜드를 합치면 영국 연합이 된다. 이 네 나라가 곧 정치적으로 독립된 하나의 단위를 이룬다.

## 아일랜드는 하나일까, 둘일까?

둘이다. 아일랜드 섬의 동북쪽을 차지하고 있는 북아일랜드는 영국 연합의 일부이다. 아일랜드 섬의 나머지 부분을 차지하고 있는 독립 국가는 아일랜드 공화국이다. 아일랜드 공화국은 한때 단일 국가로서 영국의 식민지였으나, 1920년에 둘로 나누어졌다. 아일랜드 공화국은 독립을 했지만, 북아일랜드는 그러지 못했다. 그 섬 안에 수많은 영국인들과 스코틀랜드 인들이 정착해 살고 있기 때문에 영국의 통치를 받을 수밖에 없는 것이다.

이 두 나라는 크리스트교의 구교(아일랜드 공화국)와 신교(북아일랜드) 사이의 종교 문제로 분쟁이 계속 일어나고 있다. 그런 데다 아일랜드 사람들은 영국 사람들의 통치를 받고 싶어 하지 않는다. 그 때문에 아일랜드 공화국과 그레이트브리튼 사이의 정치적·종교적 분쟁은 끊일 줄을 모른다.

## 왜 세계의 많은 사람들은 영어를 사용하고 있을까?

많은 나라들이 셰익스피어를 비롯해 찰스 황태자, 《이상한 나라의 앨리스》가 태어난 그 작은 섬나라의 지배를 받은 경험이 있기 때문이다. 그렇다면 그 작은 섬나라는 어디일까? 알다시피, 영국이다.

영국은 한반도보다 약간 더 큰 섬이지만, 1880년대와 1890년대에 걸쳐 전 세계 땅의 4분의 1과 세계 인구의 5분의 1을 지배하는 대제국을 건설하였다. 그래서 '영국은 해가 지지 않는 나라'라는 말까지 생겨나게 되었다.

지리적 환경은 영국의 성공과 많이 관련되어 있다. 바다로 둘러싸인 영국은 900년 동안 외세의 침입을 막아 왔다. 그 유명한 도버 해협의 하얀 절벽은 유럽 본토에서 들어오는 침략자들을 막아 주는 구실을 톡톡히 했다.

게다가 영국은 섬나라여서 다른 나라로 가려면 반드시 바다를 통해야만 했기 때문에 바다를 지배할 수 있는 해군력을 키우지 않으면 안 되었다. 그 덕분에 더없이 강력해진 해군을 앞세운 채 여러 나라를 침략할 수 있었다. 그리하여 세계 곳곳에 식민지를 건설할 수 있었으며, 그 식민지들에서 자기 나라에 필요한 것들을 모두 가져오곤 하였다.

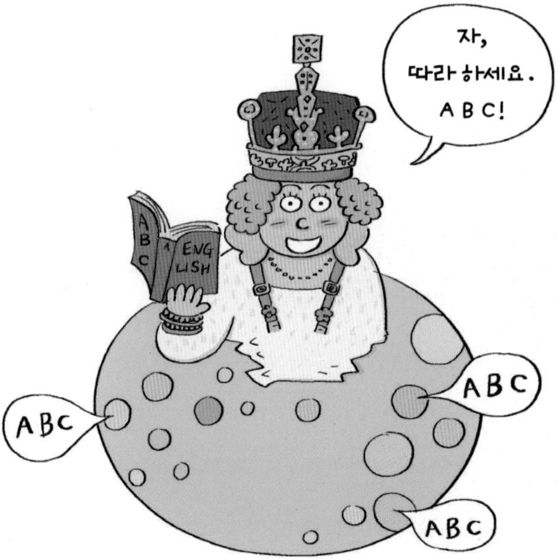


## 알프스 산맥에는 왜 휴양지가 많을까?

유럽에서 가장 유명한 산맥이기 때문에 휴양지가 많은 것은 당연하다.

알프스 산맥은 눈으로 덮인 아름다운 봉우리와 빙하로 만들어진 호수, 잘 닦여진 도로, 풍부한 실외 스포츠 시설 등 휴양지로서 필요한 것들은 전부 다 갖춘 곳이다. 게다가 유럽에서 두 번째로 높은 몽블랑 산과 가파른 암벽으로 유명한 마터호른 산까지 있지 않은가?

알프스 산맥은 자연적으로 생긴 계곡과 산길이 많아서, 아시아의 히말라야 산맥처럼 사람들의 왕래를 막지는 않는다. 그러나 길이 있다고 하더라도 평지처럼 쉽게 넘나들 수 있는 것은 아니다. 알프스 산맥은 날씨가 차가운 북쪽의 독일 문화와, 날씨가 따뜻한 남쪽의 지중해 문화를 구분하고 있는 자연적인 경계이기 때문이다.

## 아이슬란드는 얼마나 추울까?

이름에서와 같이 얼음만큼 차가운 곳은 아니다. 물론 그린란드처럼 얼음으로 덮여 있어서 살기가 힘든 곳도 아니다. 아이슬란드의 수도 레이캬비크의 겨울은 뉴욕보다 더 춥지 않다.

아이슬란드(Iceland)란 이름을 지은 사람들은, 800년대에 여기서 겨울을 두 번이나 보냈던 바이킹들이다. 그렇지만 날씨 때문에 그런 이름을 지었던 것이 아니라, 얼음 때문에 땅이 울퉁불퉁해서 그런 이름을 지어 붙였다.

아이슬란드는 80%가 산, 그리고 바위가 많은 고원, 눈으로 덮인 설원 등으로 이루어져 있다. 그러나 북대서양의 난류가 흐르고 있는 데다 지하에는 온천까지 있어서 날씨는 대체로 온화한 편이다. 이 온천을 이용해서 만든 지열 발전소를 통해서 약 80%의 전력을 얻고 있다.

## 서유럽에서 전 세계로 전파된 것은?

지식과 음악, 문학, 그리고 예술이다. 2500년 전 고대 그리스 사람들이 예술과 건축, 과학, 수학, 철학, 문학, 민주주의 등의 분야에서 이루어 놓은 성과를 서유럽 사람들이 더욱더 발전시켰다. 그 앞엔 그리스 인들이 이룩해 놓은 것들을 로마 인들이 받아들이고 발전시켜서, 약 1천 년 동안 지중해 지방을 지배하였다.

그 후로 유럽에서는 셰익스피어와 모차르트, 차이코프스키, 베토벤, 미켈란젤로, 피카소, 뉴턴, 아인슈타인, 디킨스 등 수많은 인물들이 나왔다. 그리고 프랑스의 포도주와 패션, 스위스의 시계, 독일의 초콜릿 케이크, 프랑스의 토스트, 폴란드의 소시지, 스웨덴의 미트볼 등이 누렸던 어마어마한 번성은 두말할 필요조차 없을 정도이다.

## 유럽에는 왜 도시가 많은 걸까?

대부분의 도시들은 강을 따라서 무역망이나 교통의 요지, 그리고 방어를 위한 진지 등을 구축하였다. 그러다 보니 같은 장소에 많은 사람이 모여 살게 되었고, 또 그들을 위한 서비스 시설과 문화 시설들이 많이 들어서게 되었다. 그러한 서비스 시설과 문화 시설들이 들어서 있기 때문에 사람들은 더욱더 몰리게 되었고, 그럴수록 도시는 점점 더 커져 갔다.

유럽의 대도시들이 이런 식으로 탄생되었다. 모스크바와 런던, 파리, 마드리드와 같은 거대 도시는 주변의 작은 도시 지역과 기차나 자동차, 배 등등의 여러 가지 교통편으로 연결되어 있다. 그리하여 세계에서 두 번째로 작은 대륙이, 세계에서 두 번째로 인구가 많은 대륙으로 변모하였다.

## 베네룩스는 자동차의 한 종류일까?

아니다. 벨기에와 네덜란드, 룩셈부르크, 이 세 나라를 합쳐서 부르는 말이다. 이 세 나라의 면적은 아주 적지만 퍽 운이 좋은 나라들이다. 북해와 영국이 가까이에 있어서, 항구를 통한 세계 무역에 매우 편리하기 때문이다.

벨기에와 네덜란드는 한때 전 세계에 아주 많은 식민지를 건설하였다. 그리고 향료와 목재, 초콜릿 같은 상품들을 거래하여 많은 부를 축적하였다. (지금까지도 벨기에 산(産) 초콜릿은 세계 최고로 알려져 있다.)

벨기에와 네덜란드, 룩셈부르크, 이 세 나라는 때때로 '낮은 나라'라 불리기도 한다. 언뜻 들으면 이 말이 모욕적으로 느껴질 수도 있겠지만, 사실은 말뜻 그대로 땅이 낮다는 의미에 불과하다. 네덜란드는 전 국토의 절반 정도가 해수면보다 낮다. 축축한 땅을 최대한으로 이용하기 위해서, 바다로부터 땅을 메우고 펌프로 물을 빼 마른 땅으로 만들고 있다.

## 배를 타고 시장에 가야 하는 곳은?

이탈리아의 베니스이다. 수천 개나 되는 작은 섬들이 수백 개의 다리로만 연결된 해안 도시이다. 이곳은 고속 도로 대신, 운하라고 불리는 수로가 발달되어 있다. 그리하여 예로부터 배가 쉽게 들어오고 나갈 수 있었기 때문에 시장으로 성장하기에 안성맞춤이었다. 실제로 베니스는 중세 때까지 아시아에서 가져온 비단과 향료로 무역을 하여 엄청난 부를 쌓았다.

## 유럽의 지도 제작자들은 왜 그렇게 바빴을까?

유럽의 여러 나라들이 생겼다가 사라지고 또다시 생겨나길 반복했기 때

문이다. 지도 제작자들은 두 번의 세계 대전과 소련의 붕괴로 국경을 여러 번 수정해서 그려야 했다.

제1차 세계 대전이 있기 전에는 독일과 오스트리아-헝가리 제국이 유럽의 대부분을 지배하고 있었다. 이 두 제국이 세계 대전으로 무너지고, 체코슬로바키아와 헝가리를 비롯한 여러 나라가 생겨났다.

제2차 세계 대전은 독일을 둘로 나누었는데, 1990년에 다시 하나로 통일하였다. 그러는 사이 러시아를 중심으로 한 15개의 공화국이 합쳐져 소비에트 사회주의 공화국 연방(소련)이 되었다가, 1991년 다시 해체되어 여러 개의 공화국으로 분리되었다. 다행히 요즘의 지도 제작자들은 컴퓨터의 발달로, 예전처럼 손으로 일일이 지도를 그려야 하는 불편은 겪지 않게 되었다.

## 선 하나로도 국경이 바뀌나?

지도 제작자들한테는 쉬운 일인지 모르겠지만, 국경 지방에 살고 있는 사람들에게는 결코 그렇지가 않다. 소련이 해체되자, 그동안 엄격한 법으로 통제되어 왔던 국가들 사이에서 다시 분쟁이 일어났다. 많은 민족들이 살고 있는 동유럽(이 말은 종교와 인종, 문화, 국가 등이 서로 다르다는 말과 같다.) 사람들은 서로 더 많은 땅을 차지하려고 싸움을 하였다.

그중에서도 유고슬라비아에서 유독 심하게 싸웠다. 그 바람에 제1차 세계 대전이 끝나고 오스트리아-헝가리 제국이 무너졌을 때, 유고슬라비아는 어중간한 상태로 나라 꼴을 갖출 수밖에 없었다.

이것이 잘못의 시작이었다. 그때부터 많은 민족들이 이 지역의 계곡을 경계로 서로 다른 문화를 가지게 된 데다, 상대 민족에게는 적대감을 갖게 되었기 때문이다. 소련이 사라지고 난 후, 유고슬라비아에서는 극심한 내전이 일어났다. 그러다 지금은 5개의 독립 국가로 나누어져 있는데, 언제 또 전쟁이 일어날지도 모르는 불안한 상태에 놓여 있다.

## 드라큘라에게도 고향이 있다?

브램 스토커의 소설《드라큘라》의 고향인 트란실바니아는 루마니아 중부에 있다. 흡혈귀로 유명한 드라큘라 백작은, 중세 시대에 흉악한 방법으로 사람을 죽였던 블라드 3세의 이야기를 바탕으로 만들어 낸 허구적 인물이다. 그 블라드 3세의 성이 아직도 트란실바니아에 남아 있다.

## '유로'는 유럽 사람들의 별명일까?

아니다. 유로는 유럽 연합 국가들의 화폐 단위이다. 유럽 연합에 속한 국가는 전부 27개국인데, 프랑스와 독일, 영국, 네덜란드, 벨기에, 룩셈부르크, 오스트리아, 이탈리아, 아일랜드, 덴마크, 스웨덴, 핀란드, 포르투갈, 스페인, 그리스 등이다.

이것은 1993년 경제적으로 더욱 강력한 세력을 이루기 위해서 생겨난 연합이다. 1999년 유럽 연합은 모든 나라에서 사용될 수 있는 화폐를 만들었고, 2002년부터 본격적으로 유통되었다.

1. 유럽의 거의 대부분 지역이 접하고 있는 것은?

① 사막 ② 물 ③ 개 ④ 오스트레일리아

2. 겨울에 북유럽을 여행할 때, 반드시 챙겨 가야 할 것은?

① 카메라 ② 손전등
③ 스키, 스케이트, 하키 스틱 ④ 위의 것 모두

**문제 1번의 정답) ②**

유럽 지역은 대부분 수백 킬로미터 이내에 바다나 만(바다가 육지 안쪽으로 들어온 곳)이 있다. 이것은 세 가지 의미를 띠고 있다. 첫째, 유럽에는 해변이 많다. 둘째, 대양의 조류(바닷물의 흐름)가 육지를 너무 덥거나 춥지 않게 유지시켜 주기 때문에 1년 내내 온화한 기후다. 셋째, 역사를 통해서 봤을 때 무역상과 탐험가, 해적 등과 같이 바다와 관련된 사람들이 많다.

전 세계 곳곳을 돌아다닌 유럽 사람들—중국으로 간 마르코 폴로, 인도로 간 바스코 다 가마, 미국으로 간 크리스토퍼 콜럼버스와 에스파냐 인들, 오스트레일리아와 남극 근처에 간 제임스 쿡 등—은 서양의 문화를 세계에 전파하는 데 크게 공헌하였다. 그리고 이런 탐험가들의 뒤를 따라 상인과 전도사들이 유럽의 상품들과 종교를 전파하기 시작했다. 그러다 이 탐험가들은 나중에 자기 나라에서 멀리 떨어진 아시아와 아프리카, 아메리카 등지를 돌아다니면서 침략함으로써 수없이 많은 식민지를 건설하였다.

**문제 2번의 정답) ④**

스칸디나비아 반도에 있는 스웨덴과 노르웨이, 덴마크, 핀란드, 아이슬란드 등은  북유럽에 있는 추운 나라들이다. 이 나라들은 유럽에서, 또 하나의 겨울 스포츠 천국이라 불리는 곳이다. 그중 땅이 평평하고 습지가 많은 덴마크는 겨울 스포츠보다는 자전거를 타기에 좋은 나라이다.

스포츠를 즐기고 나면, 여러분은 장엄한 경치를 배경으로 사진을 찍고 싶을 것이다. 스칸디나비아 반도에는 울퉁불퉁한 산과 넓은 초원, 그리고 멋진 피오르드 해안이 있다. 노르웨이 해안을 중심으로 잘 발달된 피오르드 해안은 빙하에 의해 땅이 깎여 나간 자리에 바닷물이 채워지면서 만들어진 까닭에 해안선이 매우 복잡다단하다.

피오르드 해안은 북아메리카와 남아메리카, 뉴질랜드 등에도 있지만, 노르웨이의 것이 가장 유명하다. 피오르드 해안은 경치가 좋을 뿐 아니라 이용 가치도 높다. 산에서 쏟아져 내리는 폭포와 강은 수력 발전을 할 수 있을 만큼 엄청난 양을 자랑하고 있다.

그렇다고 스칸디나비아 반도의 겨울이 언제나 경치가 좋을 뿐 아니라 스키를 타기에도 적합하다는 것은 아니다. 이곳은 여름철에 해가 지지 않는 날이 하루 이상 있을 정도로 낮이 길어서, 한밤중에도 해가 떠 있는 곳이라 불리곤 한다. 지구의 회전축이 기울어져 있다는 사실을 떠올려본다면 그 이유를 쉽게 알 수 있을 것이다.

 스칸디나비아 반도는 북극과 매우 가까이 있으니까. 겨울철에는 반대로 밤이 길다. 그래서 수평선 위로 해가 뜨지 않는 날이 많아서 자주 어둡기 때문에 손전등이 꼭 있어야 한다. 스칸디나비아 반도의 남쪽 지방에서조차 겨울철에는 낮이 짧고 어둡다.

# 콜럼버스가 아메리카를 맨 처음 발견했을까?

## 이민자로 가득 찬 북아메리카 대륙

?!
북아메리카

북아메리카가 아프리카와 많이 닮아 있었더라면, 역사는 지금과 상당히 달라졌을 것이다. 북아메리카는 아프리카와 달리, 배가 들고 나는 것이 아주 수월한 곳이다. 그리고 긴 해안에다 항구와 강, 호수 등이 많아서 사람들이 쉽게 탐험할 수 있었다.

크기 | **세계에서 세 번째로 큰 대륙** 24,256,000km²
가장 높은 산 | **매킨리 산(더날리)** 6,194m
가장 낮은 지점 | **죽음의 계곡 해수면 밑으로** 86m
가장 넓은 호수 | **슈피리어 호** 82,100km²
가장 긴 강 | **미시시피 강(미주리 주)** 5,971km
가장 큰 섬 | **그린란드** 2,176,600km²

아메리카를
맨 처음 발견한
나는 누구일까요?
아메리카

## 북아메리카에서 북쪽으로 갈수록 줄어드는 것은?

인구다. 북극과 매우 가까운 곳에 위치한 북아메리카의 북쪽 지방에는 사람들이 그다지 많이 살지 않는다. 북아메리카에서 가장 큰 섬인 그린란드에는 고작 58,000명의 사람이 살고 있다.

캐나다는 세계에서 두 번째로 큰 나라이다. 그런데 러시아와 같이, 춥고 메마른 툰드라 기후 지역(나무가 없는 극지방의 평원 지대)에 속한다. 그래서 캐나다 사람들의 80%는 캐나다와 미국의 국경에서 160km 이내 거리의 남쪽 지방에 살고 있다. 반면에 미국 사람들은 대부분 해안가에 살고 있으며, 중서부 지역에서는 밀과 옥수수, 콩, 쇠고기 등이 많이 난다.

## 콜로라도 강이 어떻게 거대한 협곡을 만들었을까?

콜로라도 강이 미국 남서부에 있는 그랜드 캐니언(대협곡)을 만들었다. 협곡이란 대개 양쪽 면의 경사가 급하고, 길이가 길며, 폭이 좁은 계곡을 의미한다. 그랜드 캐니언은 길이가 446km나 되는 데다, 곳에 따라 깊이가 1.6km나 된다. 하지만 폭은 1.6~29km 정도로 그리 좁지 않은 편이다.

옛날에는 이 멋진 협곡이 바위로 가득 차 있었다. 그런데 다소 높은 지대에 있던 콜로라도 고원의 이 바위들을 콜로라도 강이 수백 년에 걸쳐서 조금씩 조금씩 깎아 왔다.

이러한 침식 작용이 아주 오래전부터 일어났기 때문에, 그 협곡을 걸어가노라면 마치 시간을 거슬러 올라가고 있는 듯한 착각이 들지도 모른다.

아래로 내려갈수록 오래된 바위층이 펼쳐져 있는데, 바위가 침식되어 내부가 드러난 부분에서 약 5억 6천만 년 전에 살았던 동물과 식물들의 화석이 발견되기도 한다.

## 북아메리카의 호수는 왜 대부분 북쪽에 있을까?

이 문제의 정답을 알기 위해서는 역사를 거슬러 올라가 보아야 한다. 15000년 전 마지막 빙하기 시대로 되돌아갈 테니까, 일단 옷을 두툼하게 챙겨 입도록 하자.

그 당시의 북아메리카는 지금과는 상당히 다른 모습이었다. 대륙의 절반 이상이 빙하로 덮여 있었기 때문이다. 이 빙하는 캐나다에서 만들어진 뒤 대륙 아래로 미끄러져 내려왔는데, 내려오면서 땅의 모양을 조금씩 변화시켰다.

빙하가 깎아서 만든 계곡이 지금의 콜로라도 주와 미주리 주, 그리고 미시시피 강이다. 또한 빙하는 녹으면서도 흔적을 남겼는데, 이것이 바로 세계에서 가장 큰 호수가 만들어진 과정이기도 하다. 그중 가장 큰 호수가 캐나다와 미국의 국경 지대에 있는 오대호이다.

## 100만 년 전, 하와이는 어디에?

그때는 마그마 상태였다. 하와이는 바다 밑에 있는 화산이었기 때문이다. 화산이란 용암과 가스, 암석 물질 등이 지구의 내부로부터 터져 나오는

지표면의 구멍을 말한다. 뜨거운 암석덩어리가 시간이 흐름에 따라 식고 단단해져서 산이 된다.

하와이 주를 이루고 있는 태평양 연안의 섬들은 뜨거운 마그마가 화산 폭발로 분출되어 생긴 섬이다. 하와이에 있는 섬들의 경우, 태평양 판이 천천히 북서쪽으로 이동하면서 마그마가 판을 뚫고 분출되어 화산이 터지는 과정에서 생겨나게 되었다. 하와이처럼 생긴 지 얼마 안 되는 섬들에서는 지금도 용암이 흘러내리고 있어서, 이곳에 살고 있는 사람들은 물론 관광객들까지 위협하고 있다.

## 콜럼버스가 아메리카를 맨 처음 발견한 걸까?

길게 보면 그렇지 않다. 미국을 최초로 탐험했던 사람들은 사실 미국 인디언의 조상들이다. 13000~20000년 전 아시아에 살고 있던 그들은 걸어서 아메리카 대륙으로 건너갔다. 지금은 바다 밑에 잠겨 있지만, 그 당시에는 아시아와 알래스카가 육지로 연결되어 있었기 때문에 그러한 일이 충분히 가능했다.

그 후 지구의 온도가 점점 올라가서, 북극과 남극의 얼음이 녹아 해수면의 높이가 높아졌다. 지금도 북극 근처에서 측정해 보면, 아메리카 대륙과 아시아 대륙 사이의 거리는 단지 84km에 불과하다.

아메리카 대륙에 최초의 인류가 언제 왔는지는 정확하게 알 수 없다. 그러나 기원전 11000년에는 확실히 사람이 살고 있었다. 그렇기 때문에 진정한 의미에서는 콜럼버스가 신세계를 발견했다고 할 수는 없는 일이다. 수백만 년 동안 이곳에 사람이 살고 있었는데도, 새삼스럽게 '발견'했다고 하는 것은 좀 우습지 않은가?

콜럼버스는 그때까지 유럽 사람들이 모르고 있었던 미지의 땅, 아메리카 대륙에 도착한 것일 뿐이다. 게다가 그는 자신이 인도에 도착한 걸로 믿고 있었다. 그래서 거기에 살고 있던 사람들을 인디언이라 부르게 된 것이고…….

## 콜럼버스가 아메리카 대륙에 도착한 최초의 항해사?

아니다. 그는 최초로 항해한 사람이 아니다. 빨간 머리 에리크라는 바이킹이 콜럼버스보다 약 500년 정도 먼저 도착했다. 바이킹은 배를 만들어 타고 다니면서, 스칸디나비아 반도를 중심으로 서유럽과 러시아, 북아메리카 등지에서 약탈과 무역, 식민지 건설에 큰 힘을 보여 준 사람들을 일컫는다.

일부 바이킹들은 보물을 훔치고 노예를 잡는 일에 크게 기여하긴 했다. 하지만 모두가 그랬던 것은 아니다. 말하자면 뿔 달린 투구를 쓴 악당이거나 야만인이었던 게 아니란 얘기다. (바이킹이 투구를 쓰고 다니기는 했지만 뿔이 달려 있지는 않았다.) 대부분의 바이킹들은 단지 새로운 무역 시장과 농사를 지을 수 있는 땅을 찾아 헤맸을 뿐이다.

그러나 빨간 머리 에리크는 다른 바이킹들과 좀 달랐다. 그는 살인을 저지른 뒤 배를 타고 스칸디나비아 반도에서 도망쳐 온 것이다. 에리크는 막연히 서쪽으로 항해를 하다가, 983년 우연하게 그린란드에 도착을 하였다. 그리고 이곳에서 살기로 작정하고 터를 잡았다.

그로부터 10여 년이 지난 약 1000년경, 그의 아들 리프 에릭손(에리크의 아들이어서 에릭손인 모양이지?)은 서쪽으로 항해를 계속하여 지금의 캐나다에 도착하였다. 리프와 그의 일행들은 이곳에서 겨울을 보낸 뒤 이듬해에 그린란드로 돌아왔다.

그런데 왜 우리는 바이킹들보다 콜럼버스에 대해 더 많이 들었을까? 그것은 바이킹들이 유럽 사람들과는 달리, 자신들이 발견한 땅들을 지키지 못했기 때문이다. 몇 년 후, 바이킹들은 짐을 싸서 고향으로 돌아갔다. 그래서 그들의 긴 방문이 유럽과 북아메리카에 큰 인상을 남기지 못했던 것이다.

## 그린란드는 얼마나 푸를까?

전혀 푸르지 않다. 세계에서 가장 큰 섬인 그린란드는 면적의 80%가 두꺼운 얼음으로 덮여 있다. 그래서 땅 전체가 은회색을 띠고 있었는데……. 그 땅을 처음 발견한 빨강 머리 에리크는 이곳을, 은회색을 뜻하는 '그레이란드'라고 부르면 다른 사람들이 찾아오지 않게 될 것이라고 생각했다. 그래서 이곳 분위기와 전혀 어울리지 않는 '그린란드'란 이름을 지어 붙였다.

## 미국 사람들은 왜 콜럼버스 날을 기념할까?

콜럼버스 때문에 기나긴 이민 행렬이 시작되었기 때문이다. 그로 인해, 그 전까지 1만 년 이상 떨어져 살아왔던 사람들이 한데 모였다. 그리하여 전 세계에서 건너온 사람들은 자신들이 가져온 사상과 음식, 곡식, 동물,

"폐하를 기쁘게 해 드릴 수 있다면, 나는 기꺼이 이곳의 원주민 6명을 데려갈 것이다. 그렇게 하면 그들은 새로운 언어를 배울 수 있을 테지. 폐하께서는 내가 데려간 사람들을 보시는 순간, 그들이 무기에 대해 전혀 모른다는 사실을 아시게 되리라. 누구든 그들을 쉽게 복종시킬 수 있고, 또 원하는 일들을 마음껏 시킬 수 있을 것이다."

-크리스토퍼 콜럼버스, 그가 만났던 아메리카 원주민에 대해서 쓴 일기에서.

언어, 문화, 종교 등을 서로 공유하게 되었다.

이를 두고 '콜럼버스의 교환'이라고 말한다. 이러한 교환이 없었다면, 아메리카 대륙에는 말과 양, 돼지, 밀, 설탕, 오렌지 등이 없었을 것이다. 아울러 유럽에도 감자와 파인애플, 땅콩, 초콜릿, 바닐라, 옥수수, 칠면조, 토마토, 고무, 담배 등은 찾아볼 수 없었으리라.

**쓰레기**

나는 이 세계에서 가장 지저분하다고 소문 나 있는 그 어떤 나라들보다 미국에서 많이 생긴다. 나는 무엇일까? 바로 쓰레기다. 미국에는 세계 인구의 5%만이 살고 있다. 그런데도 1년에 2억 톤(1명당 약 680kg) 이상의 쓰레기가 배출될 정도로 쓰레기가 많다. 뿐만 아니라 전 세계에서 소비되는 전기의 45%를 미국에서 쓰고 있다.

그 외에도 들어온 것이 또 있다. 불행하게도 세균들이 유럽 사람들과 함께 들어왔다. 유럽 사람들이 도착한 지 얼마 되지 않아, 150년 동안 면역 능력이라곤 전혀 없는 상태로 살아온 아메리카 원주민의 90%가 병에 걸려 죽고 말았다. 가까스로 살아 남은 사람들도 대부분은 자신들의 삶의 터전과 전통적인 생활 방식을 잃게 되었다.

## 미국을 왜 콜롬비아라고 부르지 않을까?

어느 지도 제작자 때문에 그렇게 되었다. 1507년 마르틴 발트제뮐러라는 한 지도 제작자가, 1499년과 1501년에 걸쳐 신세계를 항해하고 온 이탈리아의 아메리고 베스푸치의 이름을 따서 지도에다 미국을 아메리카라고 적어 버렸다. 그때 베스푸치는 콜럼버스와 달리, 자기가 갔던 땅이 아시아가 아닌 신세계라는 것을 알고 있었다.

많은 유럽 사람들이 베스푸치의 보고서를 읽게 되는 바람에, 그의 여행이 콜럼버스보다 더 유명해지게 되었다. 발트제뮐러가 나중에 지도에서 '아메리카'란 말을 지워 버렸지만, 이미 때는 늦었다. 아메리카라는 이름이 굳어져 버려서, 북아메리카 대륙에도 아메리카라는 이름이 들어가게 되었던 것이다.

## 미국은 인종의 도가니?

북아메리카는 이민자들로 채워진 대륙이다. 1600년대까지는 영국과 프랑스, 에스파냐 사람들이 미국을 나누어서 식민지로 삼았다. 처음에는 유럽에서, 나중에는 전 세계에서 많은 사람들이 찾아들기 시작했는데, 북아메리카를 찾는 이유들은 매우 다양했다. 모험을 하려고 온 사람, 넓은 땅으로 자유를 찾아온 사람, 좀 더 나은 삶을 위해 기회를 찾아온 사람 등등. 대부분의 아프리카 인들처럼 스스로 원해서 온 경우가 거의 없었다.

세월이 지나면서, 미국은 '인종의 도가니'로 알려지게 되었다. 영국과 독일, 이탈리아, 아일랜드, 러시아, 아프리카, 멕시코, 동남아시아, 중앙아메리카, 그리고 다른 많은 나라들로부터 온 이민자들이 문화와 언어, 종교, 관습 등을 뒤섞어 놓았기 때문이다.

### 지리에 관한 한마디

"우리에겐 지금 먹을 것이 없다. 다만 가축을 잡아먹고 난 뒤, 남겨 두었던 가죽이 지붕 위에 있을 뿐이다. 우리는 여기서 굶어 죽든가 눈을 맞든가 둘 중의 하나를 선택하지 않으면 안 된다. 우리는 먹기로 했다. 가죽을 가져다 솥에 넣고 물을 부어 펄펄 끓였다. 가죽이 조금씩 부드러워지더니, 얼마 안 가 풀처럼 끈적끈적해졌다. 그것은 세상에서 가장 맛없는 음식이었다."

–버지니아 리드, 그녀가 열두 살 때 캘리포니아로 가면서 적었던 글 중에서.

1884년 캘리포니아 도로를 따라 걸어가면서 도너가 이끄는 정착민들은 일찍 다가온 겨울철의 눈보라를 만났다. 그들은 원래 시에라네바다 산맥을 지나가려 했지만, 눈 때문에 길이 막혀 버렸다.
그들은 너무나 오랫동안 굶주렸기 때문에 동물의 뼈와 가죽, 나뭇가지, 심지어는 자신들의 신발까지 씹어 먹었다. 마침내 사람들이 굶어 죽기 시작하자, 살아 남은 사람들은 살기 위해서 죽은 사람의 시체까지 먹어치웠다. 몇몇 사람들은 산에 올라가 도움을 청하였다. 구조대가 도착했을 때, 출발 당시 89명이었던 사람들의 수가 45명으로 줄어 있었다.

그런데 루이지애나 주의 케이준 지방만은 다른 곳에서 온 사람들과 섞이지 않았다. 이들은 1750년경 영국에 의해 캐나다의 아카디아 지방에서 쫓겨난 프랑스 사람들의 후손이었던 것이다. 이들만이 루이지애나 주의 다른 지방 사람들과 차별되는 자신들만의 문화를 지금껏 잘 유지해 오고 있다.

## 세계에서 가장 길지만 수비대는 한 명도 없는 국경은?

미국과 캐나다 사이에 있다. 이 국경은 8,000km가 넘는데, 주요 도로마다 이따금씩 검문소가 있을 뿐이다. 그 외에는 철책도 없고 국경 수비대도 없다. 아무도 국경을 감시하지 않는다는 얘기다. 그것은 미국과 캐나다 사이의 매우 우호적인 관계를 나타내 보이는 것이다.

이 두 나라는 무엇보다 무역에 있어서 서로에게 많이 의존하고 있다. 미국 수출품의 20%는 캐나다로 가고 있고, 또 그만큼의 양이 캐나다에서 미국으로 수입된다. 양쪽에서 국경을 넘는 관광객의 수도 비슷하다.

## 캐나다 안의 프랑스?

퀘벡 주에 가면 프랑스에 간 것 같은 느낌이 든다. 캐나다의 10개주(미국의 각 주가 정치적으로 분리돼 있는 것과 비슷하다.) 중에서 퀘벡 주는 다른 주와 느낌이 많이 다르다. 다른 주에는 영국 사람들이 정착을 한 반면, 퀘벡 주에는 프랑스 사람들이 정착을 했기 때문이다.

1763년 퀘벡 주마저 영국의 손아귀로 들어가 버렸지만, 프랑스 정착민들의 후손은 계속해서 남아 있었다. 그래서 지금은 프랑스와 영국의 후손들이 별일 없이 어우러져 살 수 있도록 하는 것이 캐나다의 가장 큰 고민거리가 되었다.

캐나다의 다른 주에서는 영어와 프랑스 어를 쓰는 사람들이 섞여 있어서 두 나라 말이 모두 공식 언어로 지정되어 있다. 그런데 퀘벡 주에서는 80% 이상이 프랑스 어를 쓰고 있어서 프랑스 어만 공식 언어로 인정되고 있다. 퀘벡 주에 사는 몇몇 사람들은 자신들의 프랑스 문화를 보존하기 위하여 독립이 되기를 바라고 있다. 미래에는 어쩌면 그들의 바람대로 독립이 될지도 모른다. 그런데 1995년에 있었던 퀘백 주의 독립에 관한 투표에서는 51.6 대 49.4로 반대 의견이 아주 약간 앞섰다.

## 카리브 해가 북아메리카에 속한다고?

카리브 해가 북아메리카에 속한다는 사실을 모르는 사람들이 많다. 실제로는 자메이카와 버진 군도, 푸에르토리코 등등의 이름난 휴양지들이 모두 북아메리카에 속해 있다. 이 섬들은 멕시코 만과 남아메리카 사이에 있는데, 콜럼버스가 아메리카에 처음으로 도착한 곳이기도 하다. 하지만 그는 남아메리카와 중앙아메리카만을 다녀갔을 뿐 정작 북아메리카 본토에는 발도 딛지 못했다.

콜럼버스가 다녀간 후 에스파냐와 프랑스, 독일, 영국 등 유럽의 여러 나라 사람들이 앞다투어 카리브 해에 정착하기 시작했다. 그중에서 에스파냐 사람들은 원주민들을 노예로 만들기 시작했는데, 그 과정에서 많은 사람들을 죽였다. 그 외 다른 유럽 사람들도 서아프리카에서 노예들을 데려다가 자신들의 농장에서 일하게 했다.

최근에는 레바논과 시리아, 포르투갈 등을 비롯한 여러 나라에서 온 이민자들이 이곳의 문화에 영향을 끼치고 있다. 유럽의 식민지로 지낸 세월이 많기 때문에 카리브 해에 있는 대부분의 국가들은 가난하다.

그들에게 가장 중요한 산업은 바로 관광 산업이다. 따뜻한 날씨와 아름다운 경치를 즐기기 위해 많은 여행객들이 몰려오고 있기 때문이다. 그들은 그 지방 사람들에게 일자리를 제공하고, 열대 우림과 같이 파괴되기 쉬운 자연 환경을 보존하기 위해 많은 지원을 하는 셈이다.

## 누가 호수 한가운데다 도시를 만들었을까?

14~16세기 사이에 멕시코에서 아주 번성했던 아스테카 사람들이 그랬다. 그들은 부유했고, 신앙심이 깊었으며, 기술 또한 발달하였다. 전설에 의하면, 아스테카 사람들이 신의 계시를 따라 수도로 만들 곳을 택하였다.

신의 계시는 "독수리가 선인장에 앉아서 뱀을 잡아먹고 있는 곳에다 제국을 만들라."는 것이었다. 1325년 그들은 그러한 장소를 찾아 나섰다. 그러다 찾은 곳이 하필이면 멕시코의 중심부에 자리하고 있는 한 호수였다.

아스테카 사람들은 호수에 있는 어느 섬에 티노치티틀란('선인장의 땅'이라는 뜻)이라는 큰 도시를 만들었다. 주변에 운하와 다리를 건설하여 그 섬과 연결하였다. 종교적 희생의 장소를 상징하는 큰 피라미드가 신성한 도시의 중심에 세워졌다. 그리고 해마다 수천 명의 사람들이 제물로 바쳐졌다. 아스테카의 전사들은 신에게 바칠 제물을 구하기 위해 때때로 주변의

부족들을 습격하기도 했다.

그런데 놀랍게도 이 아스테크의 피라미드와 도시는 동물이나 금속 도구 또는 바퀴의 힘을 전혀 이용하지 않은 채 건설이 되었다고 한다. 실제로 그것이 가능한 일일까? 불행하게도 우리는 아직 그것에 대해서 아무것도 아는 바가 없다.

1521년 에스파냐의 정복자 에르난 코르테스에 의해 그 도시는 완전히 파괴되었다. 하지만 그 전투에 에스파냐의 말이나 총은 거의 사용되지 않았다. 에스파냐 사람들과 같이 온 천연두가 원주민들의 90%를 죽음에 이르게 했기 때문이다. 이것은 그들의 목숨뿐 아니라 지식과 전통, 도시 등을 전부 사라지게 하였다. 그 뒤 에스파냐 사람들은 티노치티틀란 위에다 자신들의 수도 멕시코시티를 건설하였다.

1. 멕시코시티에서 모든 사람들이 사용해야 하는 것은?

① 해변 그림이 그려진 셔츠 ② 이름표

③ 가스 마스크 ④ 멜빵

**문제 1번의 정답)** ③

해변 그림이 그려져 있는 셔츠가 정답이었으면 훨씬 더 재미있겠지만, 멕시코의 수도에 살고 있는 사람들이 꼭 써야 하는 필수품은 가스 마스크이다. 멕시코시티는 세계에서 가장 큰 도시 중의 하나이지만, 자동차와 공장에서 내뿜는 매연 때문에 하늘이 온통 갈색이어서 숨을 쉬기가 곤란하다.

그렇다고 공해만 문제가 된다는 것은 아니다. 해마다 인구가 증가하고 있기 때문에 집과 직장, 교통 시설, 음식 같은 것들이 계속해서 부족해지고 있다. 물은 수백 킬로미터나 떨어진 곳에서 가져다 먹어야 하고, 쓰레기와 하수도 역시 넘쳐나서 심각한 문제로 떠오르고 있다. 이 모든 것은 사람들이 살아가기에 부적합한 곳에다 억지로 도시를 만들었기 때문에 불거진 문제이다. 그뿐 아니라 호수를 메워서 도시를 건설한 이곳은, 지반이 약해서 늘 지진에 대한 불안감을 떠안은 채 살아가야 한다.

8

Don't Know Much About Planet Earth

# 대서양에서 태평양으로 가장 빨리 가는 방법은?

## 불행한 역사의 현장, 남아메리카 대륙

?!

적도

햇빛이 강렬한 적도에서 48km가량 떨어진 에콰도르의 코토팍시 산꼭대기에는 아직도 화산의 기운이 감돌고 있다. 한 가지 신기한 점은, 그럼에도 불구하고 그 산꼭대기에 눈이 잔뜩 쌓여 있다는 것이다. 적도 근처에서도 높은 곳으로 올라가면 서서히 온도가 낮아지게 된다. 적도 근처의 안데스 산맥에 있는 침보라소 산꼭대기도 눈으로 덮여 있는데, 잠시만 올라가 있어도 얼어 죽을 것같이 춥다.

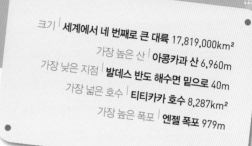

크기 | **세계에서 네 번째로 큰 대륙** 17,819,000km²
가장 높은 산 | **아콩카과 산** 6,960m
가장 낮은 지점 | **발데스 반도 해수면 밑으로** 40m
가장 넓은 호수 | **티티카카 호수** 8,287km²
가장 높은 폭포 | **엔젤 폭포** 979m

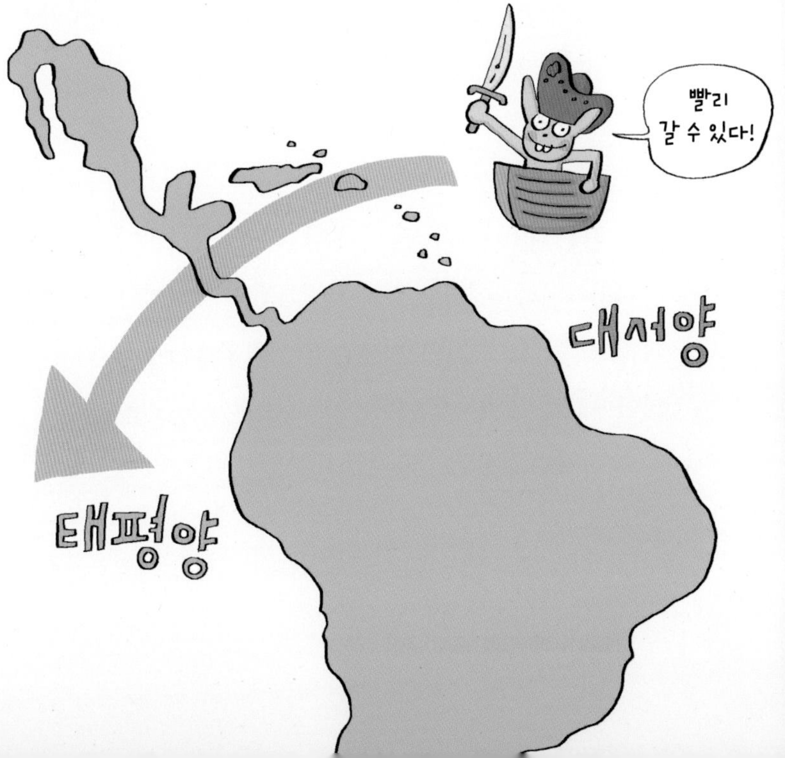

## 북아메리카와 남아메리카는 서로 떨어져 있다?

아메리카는 남북으로 길게 뻗어 있다. 북아메리카와 남아메리카는 유럽과 아시아처럼 파나마 지협으로 연결된 하나의 큰 땅덩어리이다. 그러나 유럽과 아시아의 역사가 서로 다른 것처럼, 북아메리카와 남아메리카의 역사도 많이 다르기 때문에 두 지역에 대해 따로 생각하지 않으면 안 된다.

문화적으로 지역을 구분해서, 미국과 캐나다를 앵글로아메리카, 멕시코가 있는 북아메리카 남부와 브라질, 아르헨티나 등이 있는 남아메리카를 합쳐 라틴아메리카라고 부른다.

이 지역은 15세기 이후 유럽의 앵글로색슨족과 라틴족이 진출해 개척한 탓에 유럽 문화의 영향을 아주 많이 받았다.

유럽 사람들이 아메리카에 도착한 후로, 캐나다와 미국의 대부분은 영국의 지배를 받았다. 하지만 남아메리카의 12개 나라들 중 11개국과 멕시코 남부 지방은 에스파냐의 지배를 받았고, 남아메리카의 나머지 한 나라인 브라질은 포르투갈의 지배를 받았다.

## 라틴아메리카에서는 라틴 어를 쓰고 있을까?

라틴아메리카에서도 몇몇 사람들만이 학교에서 라틴 어(고대 로마 시대의 언어)를 배운다. 라틴아메리카는 리오그란데 강 이남의 북아메리카와 남아메리카 및 카리브 해의 여러 섬들을 가리킨다.

이 지역에 정착한 사람들의 대부분이 라틴 어에 기원을 둔 에스파냐 어

"우리는 여러분이 더 이상 야만스런 에스파냐 인들에게 고통받는 것을 잠자코 지켜 볼 수가 없었습니다. 그들은 여러분의 물건을 억지로 빼앗았으며, 여러분을 죽음으로 몰고 갔습니다. 그들은 국가로서의 신성한 권리도 무자비하게 짓밟았습니다. 그리고 무엇보다 중요한 협정과 조약들을 일방적으로 깨어 버렸습니다.
그들은 갖가지 범죄를 저지르며 베네수엘라 공화국을 이 세계에서 가장 황량한 땅으로 만들어 버리고 말았습니다. 바야흐로 정의는 복수를 낳았습니다. 우리는 복수를 할 수밖에 없었습니다. 이 땅에 들어와 사람들의 피를 빨아먹는, 이 괴물 같은 에스파냐 사람들을 영원히 추방합시다……."

–시몬 볼리바르, 1813년 〈베네수엘라 국민들에게 한 선언〉 중에서. 볼리바르는 남아메리카에 있는 많은 나라들의 독립 전쟁을 유도하였다. 볼리비아라는 국명은 바로 그의 이름을 따서 지어진 것이다.

나 포르투갈 어를 쓰고 있기 때문에 아메리카 앞에 '라틴'이라는 말이 붙게 된 것이다.

오래전 라틴아메리카에는 마야, 아스텍, 잉카 등의 수준 높은 인디오 문명이 발달해 있었다. 인디오들이 만든 공중 도시 마추픽추와 사막 위에 그린 거대한 그림은 아직도 그 신비가 풀리지 않은 유적들이다.

그런데 16세기에 에스파냐와 포르투갈이 침략하면서 인디오 문화가 파괴되고 말았다. 그 후 원주민인 인디오와 정복자인 백인, 그리고 노예로 들어온 흑인의 문화가 뒤섞여 문화가 복잡해졌고, 이들 사이의 결혼으로 인종도 더 다양해졌다.

## 유럽 사람들이 아메리카 대륙을 발견했을 때의 기분은?

처음에는 별로 기뻐하지 않았다. 그들은 아시아에 가고 싶었기 때문에 신대륙을 발견하고도 큰 기쁨을 느끼지 못했다. 콜럼버스가 실제로 아시아에 가지 못했다는 것을 알게 되자, 아메리카 대륙은 아시아로 가는 길의 가장 큰 장애물로 여겨졌다.

바야흐로 탐험가들은 태평양으로 가는 해로를 찾기 시작했다. 1520년 포르투갈의 페르디난드 마젤란도 남아메리카 남단을 돌아서 태평양으로 가는 구불구불한 뱃길(지금의 마젤란 해협)을 찾아 나섰다.

그 뒤 마젤란은 안타깝게도 항해 도중에 목숨을 잃고 말았다. 하지만 그의 선원들은 서쪽으로 항해를 계속하여 결국 에스파냐로 다시 돌아오게

되었다.

비록 마젤란은 세계 일주 여행을 완전히 마치지 못했지만, 그의 선원들이 완수를 했기 때문에 사람들은 그를 최초로 세계 일주한 사람으로 인정해 주고 있다. (실제로 맨 처음 세계 일주를 한 사람은 영국의 제독 프랜시스 드레이크(1580년)이다.)

## 불의 땅이 추운 이유는?

'불의 땅'이란 뜻을 지닌 티에라델푸에고는 남아메리카 대륙 남쪽 끝에 있는 섬이다. 이곳은 습기가 많은 데다 바람이 많이 불며 늘 얼어 있다.

1520년 마젤란이 이 섬 옆을 항해하고 있을 때, 마침 원주민들이 피워 놓은 불을 보고 자기들 마음대로 '불의 땅'이라 이름 지었다. 이곳은 불과는 거리가 먼, 아주 추운 땅이다. 실제로 남극에서 1,127km 정도 떨어져 있다.

## 남아메리카 사람들은 왜 해안가에 살고 있을까?

남아메리카 대륙의 안쪽은 농사를 지으면서 살기에는 힘든, 열대 우림과 높은 산들이 많기 때문이다. 그래서 대부분의 사람들은 바깥쪽으로 나가기 쉬운 해안가에 자리잡아 살고 있다.

그리고 남아메리카의 카우보이인 가우초는 평평한 초원, 즉 팜파스 지

나, 카우보이는
발가락으로 말의 등골
잡고 들판을 달리지!

역에다 소를 풀어 놓은 채 키우는데, 그들은 북아메리카의 카우보이들처럼 매우 독립적인 전통을 지니고 있다. 맨발로 말에 올라탄 뒤 발가락으로 말의 등골 부분만을 잡은 채 돌아다니곤 하기 때문이다.

남아메리카에는 금과 에메랄드, 석탄, 석유, 설탕, 커피, 카카오 따위의 천연자원이 많다. 그렇지만 극소수의 사람들만이 그러한 자원을 소유하고 있기 때문에, 대부분의 사람들은 가난하게 살 수밖에 없다.

## 아마존은 강인가, 바다인가?

강이다. 그러나 강 어귀 같은 곳은 폭이 320km나 되기 때문에 언뜻 바다같이 느껴지기도 한다. 이 정도의 폭은 마라조 섬(덴마크만 한 크기의 섬)을 둘러쌀 수 있을 정도로 넓은 것이다.

이렇게 거대한 아마존 강은 세계에서 두 번째로 긴 강 이다. 아마존 강은 나일 강과 미시시피 강, 양쯔 강의 물을 한데 모아 놓은 것보다 더 많은 물을 담고 있다. 아마존 강은 페루의 산에서 시작하여 브라질의 우림 지역을 모두 다 통과하기 때문에, 남아메리카 북부 지역 전체를 다 지나간다 해도 지나친 말이 아니다.

## 세계에서 가장 큰 증기탕?

아마존은 세계에서 가장 큰 열대 우림 지역으로, 오후마다 매일같이 비가 와서 1년 내내 덥고 습하다. 비가 많이 내리기 때문에 숲이 온통 푸른색을 띠고 있다. 땅과 나무에는 항상 이끼가 끼어 있으며, 푸른 넝쿨이 30m 이상 되는 나무들의 둥치를 휘감고 있다. 모든 식물이 빽빽하게 자라고 있어서, 이곳에서는 동물들을 찾아보기가 힘들다. 굳이 동물들을 관찰하겠다면, 나무 꼭대기에 올라가야만 볼 수 있다.

적도 근방에 띠를 두른 것처럼 펼쳐진 아마존 열대 우림 지역에는 지구의 다른 곳에서는 볼 수 없는 여러 종류의 동식물들이 많이 살고 있다. 그렇지만 안타깝게도 목재로 쓸 목적으로 나무들을 자꾸 베어 내는 데다, 농장과 목장을 만들기 위해 땅을 마구 파헤치고 있어서 열대 우림의 면적은 갈수록 줄어들고 있다.

이런 식으로 열대 우림이 파괴되는 것은 숲의 생태계에 좋지 않은 일이다. 그뿐 아니라 우리 모두에게도 좋지가 않다. 왜냐하면 우리가 숨쉬는 데 필요한 어마어마한 양의 산소를 이 숲이 공급해 주기 때문이다. 또한 우리가 필요로 하는 의약품의 25~40% 정도는 이곳 열대 우림의 식물들을 원료로 해서 만들어지고 있다. 그래서 열대 우림을 대책 없이 파괴해 들어가는 것은 매우 위험한 일이 아닐 수 없다.

## 안데스 산맥에는 누가 살고 있을까?

안데스 산맥은 남아메리카 서쪽에 있으며, 해발 고도가 6,100m 이상인 고봉이 50여 개에 이른다. 아시아의 히말라야 다음으로 높은 산맥으로, 세계에서 가장 높은 취락지(사람들이 모여서 집을 짓고 생활하는 근거지)가 있다. 또한 길이가 7,000km로 세계에서 가장 긴 산맥이다.

안데스 산맥은 백악기(1억 3,500만 년부터 6,500만 년 전)에 지구의 태평양판이 남아메리카판 밑으로 서서히 기울어지면서 충돌할 때 퇴적암층에 습곡(수평하게 퇴적된 지층이 가로로 압력을 받아서 물결 무늬로 구부러지는 것) 작용이 생기는 바람에 조산 활동(비교적 짧은 기간에 산지를 만드는 지각 운동)이 일어나서 형성된 것이다. 이 지각 운동은 지금도 꾸준히 일어나고 있어서 시시때때로 지진과 화산 활동을 유발시키고 있다.

안데스 산맥은 북에서 남으로 세 부분으로 나누어지는데, 북부 지역은 베네수엘라·콜롬비아·북부 에콰도르, 중부 지역은 남부 에콰도르·페루·볼리비아·북부 아르헨티나·북부 칠레이고, 남부 지역은 남부 아르헨티나와 남부 칠레이다.

안데스 산맥에는 사람이 거의 살고 있지 않다. 산이 만들어진 지 오래되지 않았기 때문에 험하여 지나 다니기가 힘든 데다, 지대가 워낙 높아서 춥기 때문에 농사를 짓기도 어렵다.

게다가 많은 산들이 아직도 화산 활동을 하고 있는 활화산이라는 것도 사람들이 살지 않는 이유 중 하나이다. 안데스 산맥에 살고 있는 몇몇 사람들은 보리나 감자 농사를 지으면서 살고 있다. 그리고 산 아래로 내려갈 걱정이 없는 양이나 알파카·라마(아메리카 낙타) 같은 동물들을 주로 기르는데, 이 중에서 라마는 험준한 안데스 산맥을 오가는 데 없어서는 안 되는 아주 중요한 교통수단이다.

## 칠레가 고추처럼 생긴 이유는?

칠레는 남아메리카 대륙의 서해안을 따라 고추 모양으로 뻗어 있다. 폭이 좁으면서 긴 모양새가 고추와 꼭 닮았다. 안데스 산맥이 칠레의 동쪽에 자리잡고 있어서 자연적으로 국경이 형성된 것이다. ('칠레'는 '땅이 끝나는 곳'이라는 뜻이다.)

사실 안데스 산맥은 북쪽의 카리브 해로부터 시작하여 남쪽의 혼 곶까지 뻗쳐 있기 때문에 남아메리카 대륙 전체를 관통하고 있는 셈이다. 길이가 무려 8,000km 남짓 되는 안데스 산맥을, 미국에다 눕혀 놓으면 서쪽 해안에서 동쪽 해안을 지나 대서양까지 뻗어 갈 만큼 길다.

그래서 남아메리카에는 영토가 대륙의 동서쪽으로 뻗어 있는 나라가 없

다. 하나같이 세로로 길쭉한 모양을 하고 있는데, 이렇듯 한쪽으로만 길쭉한 나라를 통치하기란 쉽지가 않다. 나라의 생김새가 한쪽으로 지나치게 길면, 조직적으로 체계를 잡거나 외국으로부터의 침입에 효과적으로 방어하는 일이 어려울 수밖에 없다. 그러므로 여러분 중 누군가가 한 나라의 지도자가 된다면, 땅의 모양이 가운데로 모여서 둥그스름하게 생긴 나라를 선택하는 게 좋다.

## 잉카 사람들은 어떻게 안데스 산맥에 살게 되었을까?

그들은 산에 나 있는 풀들을 이용해서, 강과 계곡 사이를 이을 수 있는 강한 밧줄을 만들었다. 잉카 사람들은 13세기경부터 안데스 산맥의 고원 지대에다 훌륭한 건축물을 만들고 농사도 지으면서 그들 나름의 위대한 문명을 이룩해 나갔다.

눈길을 끄는 것은, 그들이 시멘트를 사용하지 않고 큰 돌을 깎아 맞추어서 그 많은 구조물과 사원을 지었다는 점이다. 그리고 산으로 둘러싸인 이곳에서 농토와 곡식이 산 아래로 미끄러져 내려가지 않도록 하기 위해 계단 모양의 농장을 만들었다.

뭐니 뭐니 해도 잉카 문명의 가장 큰 업적 중의 하나는 바로 마추픽추라 할 수 있다. 마추픽추는 주위가 모두 산과 절벽으로 둘러싸여 있는 도시로, 두 개의 뾰족한 봉우리 사이에 있는 말 안장 모양의 지역에 위치하고 있다. 이곳에서는 묘지와 사원으로 가는 가파른 계단이 여러 겹으로 만들어져 있다.

1530년대 에스파냐 정복자들이 들이닥쳐 잉카 문명을 파괴했을 때, 이곳 마추픽추는 멀리 산 속에 있었던 까닭에 파괴를 피할 수 있었다. 1911년 어느 미국인에 의해 발견되기 전까지 그 누구의 눈에도 띄지 않은 채 원형 그대로 남아 있었다. 이 도시는 에스파냐 인들이 오기 전에도 버려져 있었는데, 그 이유는 아직 아무도 모른다.

## 엘도라도가 정말로 있었을까?

에스파냐 정복자들은 확실히 엘도라도가 있다고 믿고 있었다. 콜럼버스가 아메리카 대륙에 도착한 직후, 에스파냐 사람들은 보물을 찾아서 남아메리카 전역을 정복하기 시작했다. 그 무렵 엘도라도 왕국은 보물이 가장 많은 곳으로 알려져 있었다. 전설에 따르면, 엘도라도는 황금의 땅을 다스리는 황금으로 된 사람으로서 재산이 세계의 그 어느 왕보다 많다는 것이었다.

이 왕국의 이야기는 아무래도 남아메리카에 있는 어느 부족의 관습으로부터 전해진 것 같다. 그 부족에게는 새로 추대된 추장에게 금가루를 입혀서 숭배하는 풍습이 있었다.

그러한 의식이 끝난 뒤, 추장은 신성한 호수로 들어가서 몸에 입혀져 있는 금가루를 씻어 내었다. 그동안 부족민들은 에메랄드와 금 같은 귀중품들을 그 호수에다 마구 던져 넣었다.

이러한 풍습은 에스파냐 사람들이 도착하자마자 곧 사라져 버렸지만, 그 환상적인 이야기만은 계속해서 남아 지금까지 전해져 내려오고 있다.

에스파냐 사람들은 결국 전설 속의 왕국을 찾지는 못했다. 그렇지만 그 전설로 인해 에스파냐 사람들의 탐험은 멈추어지지 않았고, 급기야 원주민들의 땅을 모두 빼앗게까지 되었다.

## 세계에서 가장 긴 폭포는?

베네수엘라에 있는 엔젤 폭포이다. 이 폭포는 여러분이 새나 비행사가 아니라면 도저히 보기 힘들 정도로 열대 우림 깊숙이에 자리잡고 있다. 실제로 1935년 미국 비행사 지미 엔젤이 우연하게 이곳 위를 날아가지 않았다면, 지금까지 외부에 알려지지 않았을지도 모를 곳이다.

이 폭포는 세 단계를 거쳐서 떨어지게 돼 있는데, 그 높이가 장장 979m나 된다.

## 대서양에서 태평양으로 가장 빨리 가는 방법은?

남아메리카를 빙 돌아서 가지 말고, 북아메리카와 남아메리카 사이를 가로질러서 가면 된다. 그러나 이것이 말처럼 간단한 것은 아니다. 왜냐하면 두 대륙 사이에는 자연적으로 생겨난 해로가 없기 때문이다.

해로를 통해서 무역을 하는 사람들은 남아메리카 남단에 있는 혼 곶 주위로 가는 것을 몹시 싫어했다. 폭풍이 자주 몰아쳐서 목숨의 위협을 느낄 때가 많기 때문에, 남아메리카를 빙 돌아가는 것에 대해 늘 두려움을 느끼지 않을 수 없었던 것이다. 그럴 땐 어떻게 해야 할까? 바로 운하(인공적으로 만든 수로)를 만들어야 한다.

1904년 미국은 파나마를 관통하는 운하를 건설하는 데 비용을 댔다. 파나마 안에서 유달리 좁은 지역은 폭이 50km 정도밖에 되지 않았다. 열대지방의 뜨거운 열기가 사정없이 몰아치고 있는 데다 모기까지 득시글대는 이곳에 운하를 건설하기 위해서는 수많은 노력이 필요했다.

항해사들은 누구라 할 것 없이 운하를 건설하는 일이 매우 가치 있다고 생각했다. 아니나 다를까 11년간의 기나긴 공사 끝에 파나마 운하가 완성

되자, 대서양에서 태평양까지 가는 데 4개월이나 걸리던 것이 47일로 줄어들게 되었다.

## 리우데자네이루?

리우데자네이루는 '1월의 강'이라는 뜻을 갖고 있는 브라질의 한 도시이다. 역사가들의 주장에 따르면, 1500년대의 어느 1월 1일, 포르투갈의 탐험가들이 리우의 아름다운 항구에 도착하였다. 그들은 그 항구가 강의 입구라고 생각했다. 그래서 '리우데자네이루'라는 이름을 지어 부르게 되었다.

실제로 리우데자네이루는 큰 강의 입구가 아니라 바닷가에 있는 중요한 항구이다. 지금도 리우데자네이루는 세계에서 가장 큰 도시 중의 하나로 자리잡고 있다.

## 도시는 자석과 같은 성질을 갖고 있다?

도시에는 자석과 같은 강한 인력이 있다. 제2차 세계 대전 이후, 사람들은 농촌에서 도시로 앞다투어 이동을 하였다. 그 바람에 도시의 인구는 급격히 늘어나기 시작했다. 농촌 사람들은 도시에 가면 더 좋은 직장과 교육을 받을 수 있을 것이라고 생각했다.

남아메리카가 가장 좋은 예이다. 농촌에 사는 남아메리카 사람들은 아르헨티나의 부에노스아이레스(인구 11,298,000명), 브라질의 상파울루(인구

10,018,000명), 페루의 리마(인구 6,321,000명) 같은 도시들로 꾸역꾸역 몰려들기 시작했다.

도시로 온 사람들의 대부분은 농촌에서 가난하게 살던 사람들이었다. 그런 사람들이 도시로 온다 해서 별 뾰족한 수가 있는 것은 아니었기 때문에 도시에서도 가난하게 살기는 마찬가지였다. 결국 그들은 대도시 근교에다 판자촌을 형성하기 시작했다. 더 나은 삶을 살기 위해서 도시로 찾아든 수많은 사람들이 결국은 그 허름한 판잣집에다 서글픈 둥지를 틀게 된 것이다.

1. 아마존 강은 그리스 신화 속, 누구의 이름으로부터 나왔을까?

① 전사　② 인터넷 회사
③ 강물 위에 떠 있는 배　④ 물의 신

2. 다음 중 19세기 초에 에스파냐로부터 독립한 나라는?

① 베네수엘라　② 콜롬비아　③ 에콰도르
④ 페루　⑤ 볼리비아　⑥ 칠레
⑦ 파라과이　⑧ 아르헨티나　⑨ 우루과이
⑩ 위에 있는 모든 나라

**문제 1번의 정답)** ①

아마존 강은 그리스 신화에 나오는, '아마존'이라는 여성 전사의 이름을 따서 지었다. 신화에 의하면, 성질이 사나운 여자들이 트로이 전쟁에서 싸움을 한 뒤, 자신들만의 나라를 세워서 모여 살았다. 그리고는 1년에 딱 한 번뿐인 축제 때 외에는 남자를 나라 안으로 들여놓지 않았다. 만일 여자아이가 태어나면 계속해서 살 수 있지만, 남자아이가 태어나면 곧바로 죽여 버렸다.

그런데 이 전설상의 여인들이 남아메리카와 무슨 관계가 있을까? 사실은 아마존 강을 처음으로 탐험한 에스파냐의 프란시스코 데 오레야나가 활과 화살로 무장한 여성 전사들의 공격을 받았다고 주장하였다. 그는 '아마존들이 아니면 누가 그런 일을 할 수 있었을까?'라고 생각했다. 그 후로 다른 탐험대가 여성 전사를 봤다는 기록은 없지만, 오레야나의 주장을 받아들여 아마존들이 살고 있다는 의미에서 아마존 강이라 이름 지었다.

**문제 2번의 정답)** ⑩

위에 있는 모든 나라가 답이다. 에스파냐의 식민지가 된 지 300년이 지나서야, 이들 나라의 국민들은 외국인들이 자신들의 재산을 함부로 빼앗아 가는 것에 대해 분노하기 시작했다. 그리하여 1810~1840년 사이에 모두 독립을 하였다. 그중에서 브라질은 다른 나라들보다 한 박자 늦게 1889년에야 포르투갈로부터 독립할 수 있었다. 지금은 그들 스스로 나라를 다스리고 있지만, 언어나 관습에서는 아직도 식민지의 잔재를 말끔히 떨어내지 못하고 있다.

9

Don't Know Much About Planet Earth

# 오스트레일리아는 한때 큰 감옥이었다?

## 특이한 동물들의 천국, 오세아니아 대륙

?!

수도

오스트레일리아는 수도를 정할 때, 멜버른과 시드니 중 어느 곳을 택할지 무척 고민하였다. 그러다 결론이 나지 않자, 두 도시 사이에 새로운 도시를 만들기로 했다. 새 수도의 이름은 '만남의 장소'라는 뜻을 가진 '캔버라'로 하였다.

크기 | **세계에서 가장 작은 대륙** 7,682,300$km^2$

가장 높은 산 | **코지어스코 산** 2,228m

가장 낮은 지점 | **에어 호 해수면 밑으로** 16m

가장 넓은 호수 | **에어 호** 8,884$km^2$

가장 큰 섬 | **태즈메이니아 섬** 68,332$m^2$

## 오스트레일리아에는 왜 특이한 동물들이 많이 살고 있을까?

오스트레일리아는 1억 년 이상이나 다른 대륙들과 떨어져 있었기 때문에, 여기에 살고 있는 동물들은 다른 곳과는 전혀 다른 방식으로 진화해 왔다. 유럽 사람들이 데려가기 전까지 오스트레일리아에는 고양이나 토끼, 여우처럼 우리에게 친숙한 동물들이 한 마리도 살지 않았다.

오스트레일리아에 사는 토종 동물들의 절반은 캥거루와 같은 유대(紐帶) 동물들이다. 유대 동물들은 새끼가 다 자랄 때까지 어미의 주머니(육아낭)에 넣고 다니는 습성이 있다. 새끼가 발육이 덜 된 상태로 태어나는 데다, 어미의 젖꼭지가 육아낭 안에 있기 때문이다. 그러니까 새끼가 어미의 육아낭 안에서 젖을 먹고 자라는 것이다.

오스트레일리아에서 캥거루 다음으로 유명한 유대 동물로는 코알라를 꼽을 수 있다. 종종 코알라곰으로 불리기도 하는데, 사실 곰처럼 생기지는 않았다. 물론 겉보기처럼 그렇게 어리석은 동물도 아니다. 화가 나면 할퀴고 물어뜯기까지 하니까.

오스트레일리아에만 사는 특이한 동물들 중 하나는 에뮤라는 큰 새이다. 에뮤는 여러 가지 면에서 타조와 비슷하다. 덩치가 매우 크며, 날지는 못한다. 또 왈라비라는 동물이 있는데, 캥거루보다 덩치가 조금 작다. 웜뱃이라는 유대 동물은 곰처럼 생겼는데, 주둥이가 두툼하게 생긴 것이 가장 큰 특징이다.

그러나 뭐니 뭐니 해도 이곳의 동물 중에서 가장 특이하게 생긴 것은 오리너구리이다. 주둥이가 평평한 데다 오리처럼 발에 물갈퀴가 있다. 꼬리는 비버의 것과 비슷하게 생겼으며, 몸에는 털이 나 있다. 그런데 오리너구리는 희한하게도 거북이처럼 알을 낳은 뒤, 포유 동물처럼 젖을 먹여서 새끼를 키운다.

## 에어 호에서 얼마나 자주 수영을 할 수 있을까?

10년이나 20년 만에 한 번 정도 수영을 할 수 있을까 말까이다. 에어 호의 면적은 8,884km²로 오스트레일리아에서는 가장 큰 호수이다. 호수의 밑바닥은 거의 말라 있는 편인데, 그 바닥은 평평한 소금 땅으로 되어 있다. 비의 양에 비해서 증발하는 속도가 30배나 더 빠르기 때문에, 지난 100년 동안 겨우 다섯 차례만 호수에 물이 찼을 정도로 물이 귀한 호수이다.

비가 예년에 비해 많이 왔던 2000년이 바로 그 다섯 번 중의 한 번이다. 호수에 물이 채워지자마자 수백만 마리의 새우가 이곳으로 와 살기 시작했다. 동면하고 있던 개구리도 잠에서 깨어났다. 뿐만 아니라 야생 꽃들도 앞다투어 꽃망울을 터뜨리기 시작했으며, 새들도 줄지어 돌아왔다.

## 오스트레일리아는 조금 덜 마른 빨래와 같다?

중심부는 말라서 건조하지만, 해안가는 그렇지가 않기 때문이다. 오스트레일리아의 중앙에는 건조한 사막과 풀이 무성한 초원만 있다. 아웃백이라고 불리는 이곳에는 사람이 거의 살지 않고, 단지 넓은 초원에서 소와 양들을 키우는 목장이 있을 뿐이다.

그런데 목장이, 다른 사람들이 사는 곳과 너무나 멀리 떨어져 있기 때문에, 혹시라도 그들 중 누군가가 병이라도 난다면 의사가 비행기를 타고 와서 돌봐주지 않으면 안 된다. 오스트레일리아에는 그러한 항공 의료 봉사단 제도가 아주 잘 갖춰져 있다.

**아웃백**

'아웃백'이라는 말은, 해안가에서 살고 있는 사람들이 가끔 중앙의 건조한 지역으로 놀러 갔다가 올 때에, "오늘 하루는 '뒤로 나가서(아웃백)' 놀다 왔다."라고 말한 데서 유래되었다.

오스트레일리아 사람들의 대부분은 대륙의 가장자리, 즉 해안가의 도시에서 살고 있다. 이곳은 기후가 온화한 데다 파도도 심하지 않아서 사람들이 살아가기에 안성맞춤이다. 게다가 오스트레일리아의 전체 인구는 해마다 인도에서 태어나는 아기들의 수보다도 적다.

## 유럽 사람들은 오스트레일리아를 어떻게 생각했을까?

힌트 : 오스트레일리아의 이름은, 프톨레마이오스가 라틴 어로 '남쪽에 있는 미지의 땅'을 뜻하는 '테라 오스트랄리스 인코그니타'라고 말한 데서 유래되었다. 유럽의 항해사들은 1606년에 처음으로 오스트레일리아에 도착했을 때, 전설에서처럼 세계의 균형을 맞추기 위해 마련된 남쪽 땅의 일부라고 생각했다.

그런데 1644년 네덜란드의 아벨 타스만 선장이 오스트레일리아를 일주하여, 오스트레일리아가 전설에 나오는 땅과 다르다는 것을 증명하였다.

**오스트레일리아 대륙**

언제였는지 기록은 정확히 남아 있지 않지만, 아시아 사람들이 유럽 사람들보다 먼저 오스트레일리아 대륙이 있다는 사실을 알고 있었던 듯하다.

그때 그는 뉴질랜드의 전쟁을 좋아하는 마오리족과 전투를 벌이다가 4명의 부하를 잃었다. 아울러 이 전투로 인해 유럽 사람들은 125년간이나 이곳에 접근을 할 수가 없었다.

영국의 제임스 쿡이 처음이자 마지막으로, 남쪽 대륙이 실제로 있는지 알아내라는 비밀 임무를 띠고 파견이 되었다. 그는 실제로 남극 대륙을 발견하지 못했지만, 남쪽을 뜻하는 '오스트랄리스'를 따서, 그 당시 가장 남쪽에 있다고 생각되는 이곳을 '오스트레일리아'라 이름 붙여 버렸다.

## 오스트레일리아는 한때 큰 감옥이었다?

확실히 그랬다. 1788년부터 오스트레일리아에 들어온 유럽 사람들은 모두 감옥에 수감될 영국인들이었다. 불행하게도 영국의 감옥은 이미 가득 차서 더 이상 죄수들을 수용할 수가 없었다. 식민지였던 미국이 독립을 하게 되어, 더 이상 죄수들을 보낼 곳이 없어지자 생각해 낸 곳이 바로 오스트레일리아였던 것이다.

법을 어긴 사람들의 대부분은 실제로 그렇게 큰 죄를 저지른 것은 아니었다. 심지어 오이 12개를 훔치고 죄수가 된 사람도 있었으며, 리본 하나를 훔치고 죄수가 된 열한 살짜리 아이도 있었다.

대부분의 죄수들은 감옥에 가는 것보다는 차라리 오스트레일리아로 보내지는 것이 낫다고 생각했다. 러시아의 죄수들이 시베리아로 보내지는 것과 비교해 보면 오스트레일리아는 천국이나 다름없기 때문이었다.

## 부메랑은 원주민들의 사냥 도구였다?

그렇다. 유럽 사람들이 정착하러 오기 전까지, 오스트레일리아에는 원주민들만이 살고 있었다. 원주민들은 사냥과 채집으로 생활해 나가고 있었다. 그들은 수천 년 전에 사냥 도구로 쓰기 위해 부메랑을 만들었다.

원주민들은 대체로 두 종류의 부메랑을 가지고 다녔다. 하나는 되돌아오는 것이고, 또 다른 하나는 되돌아오지 않는 것이었다. 되돌아오는 부메랑은 목표물을 맞히지 못했을 때를 대비해 되돌아올 수 있도록 특별히 고안해서 제작하였다. 그것은 주로 전통적인 경기를 하거나, 작은 새를 죽이는 데에 사용했다. 반면에 되돌아오지 않는 부메랑은 큰 사냥감이나 적을 죽이는 데에 쓰였다.

지금에도 몇몇 원주민들은 자기 부족의 전통을 지키며 살아가려 애쓰고 있다. 하지만 대다수의 원주민들은 아웃백에서 양이나 소를 키우면서 살아가고 있다.

그래도 그들은 여전히 부메랑을 던지는 경기를 하면서 전통을 이어 가려고 노력한다. 또한 미국과 캐나다, 유럽 등지에서도 종종 부메랑 시합을 펼친다. 심지어 부메랑 월드컵을 열기도 한다.

나는 되돌아오는
부메랑
힝, 나는 되돌아가고
싶지 않아.

## 오스트레일리아 사람들 5명 중 1명은?

오스트레일리아 밖에서 왔을 것이다. 영국에서 죄수들이 처음 도착한 이후부터 외부에서 많은 이민자들이 들어오고 있었다. 1868년까지는 영국이 짐짓 죄수들을 이 곳으로 보냈지만, 그 후부터는 복잡한 유럽에서 벗어나 좀 더 편안한 삶을 살고 싶어하는 일반 시민들이 그들과 함께 오스트레일리아로 찾아들었다.

1851년 멜버른 근처에서 금이 발견된 이후에는 더 많은 사람들이 이곳으로 몰려들었다. 이곳으로 이민 온 사람들의 대부분이 영국에서 오긴 했지만, 그 외의 상당수가 유럽의 다른 국가나 아시아 같은 데서 찾아왔다. 많은 사람들이 직장을 찾아서, 또 가족을 위해 좀 더 나은 삶을 살기 위해 오스트레일리아를 찾은 것이다. 최근에는 베트남이나 유고슬라비아 같은

데서 정치적인 위험이나 박해를 피해 망명하는 경우가 많아지고 있다.

## 오스트레일리아 최고의 무법자?

바로 유럽 사람들이 데리고 온 토끼이다. 1859년 오스트레일리아 최초로 24마리의 토끼가 들어왔다. 그런데 50년 만에 이 귀엽고 조그만 토끼가 더 이상 통제하기 힘들 정도로 그 수가 불어나 버렸다.

자연적으로 천적이 없기 때문에 토끼의 수는 기하급수적으로 증가하였다. 그리하여 대륙 전체로까지 퍼져 나가, 원래 살고 있던 동물들의 먹잇감까지 모조리 먹어치워 버렸다. 한때는 토끼의 수가 약 5억 마리나 되었는데, 그것은 그 당시 오스트레일리아에 살고 있던 인구수보다 50배나 더 많은 수치였다.

이 토끼들이 땅 위에서 자라는 야채들을 모조리 먹어치워서 다른 가축들이 모두 굶어 죽을 지경에 이르렀다. 게다가 초원까지 풀 한 포기 없는 사막으로 만들어 버릴 만큼 그 기세가 대단했다.

이를 그대로 방치해 두기가 곤란한 지경에 이르자, 사람들은 토끼를 죽이기 위해 일부러 질병을 퍼뜨리는 소동까지 벌였다. 그 바람에 한동안은 토끼의 수가 줄어드는 듯하였다. 하지만 그리 오래가지는 않았다. 어느새 몇몇 토끼들이 그 병을 이길 수 있게 되었던 것이다. 결국 토끼의 수는 또다시 원래대로 증가해 버리고 말았다.

이 일로 해서, 오스트레일리아 사람들은 외부 동물을 데려오는 것이 얼마나 위험한 일인지를 절실히 깨닫게 되었다. 외부 세계의 동물 한 마리가 오스트레일리아 전체의 생태계를 엉망으로 만들어 버릴 수 있다는 교훈을 얻었던 것이다. 이와 비슷한 문제가 현재까지도 여러 나라에서 일어나고 있다.

## 세계에서 가장 아름다운 무덤은?

오스트레일리아 북동 해안의 따뜻하고 얕은 바다 속이다. '대보초(그레이트배리어리프)'라 불리는 이 무덤은 세계에서 가장 큰 산호초를 말한다. 산호초란, 바다 속에 사는 작은 생물인 산호에 의해서 만들어진 암석처럼

"뉴홀랜드의 원주민들에 대해서 굳이 말해야 한다면, 처음 보았을 때 지구상에서 가장 불행한 사람들 같아 보였다는 것이다. 그런데 나중에 알고 보니, 그들은 우리 유럽 사람들보다 훨씬 더 행복하였다. 이것저것 계산하고 따질 필요도 없고, 우리처럼 살기 위해 여러 가지 복잡한 것들을 생각하지 않아도 되었다. 오히려 모르는 것이 더 행복해 보였다."

–제임스 쿡, 1774년 네덜란드 사람들이 뉴홀랜드라고 부르는 오스트레일리아에 도착했을 때 원주민들에 대해 쓴 글에서.

생긴 것을 가리킨다.

산호는 부드러운 몸을 보호하기 위한 딱딱한 껍질을 갖고 있으며, 대개 산호초에 붙어서 자란다. 산호가 죽으면 그 껍질은 그대로 남아서 산호초가 된다. 이렇게 산호초는 점점 자라서 하나의 섬처럼 커진다. 대보초는 산호가 수천 년 동안 자라서 만들어진 곳인데, 그 길이가 자그마치 2,012km에 달한다.

대보초는 오스트레일리아의 가장 큰 자랑거리이다. 사람들은 잠수복을 입고 바다 속으로 들어가, 다양한 해저 생물들의 모습을 관찰할 수 있다. 수백 가지의 산호를 비롯해, 대합과 불가사리, 해삼, 그리고 1,500여 종의 물고기들을 볼 수 있다. 많은 물고기들이 산호와 보조를 맞춰 울긋불긋 아름다운 빛깔을 띠고 있다.

## 양이 가장 많은 나라는 어디일까?

바로 뉴질랜드이다. 뉴질랜드는 오스트레일리아 대륙에서 남동쪽으로 약 2,000km 떨어져 있는 섬나라로, 총 면적은 우리나라의 1.2배 정도인 268,680km에 이른다. 두 개의 큰 섬과 여러 개의 작은 섬들로 이루어져 있는데, 큰 섬 두 개는 쿡 해협을 사이에 두고 북섬과 남섬으로 나뉜다.

뉴질랜드 전체 인구의 75% 이상이 살고 있는 북섬에는 수도 웰링턴과 오클랜드 같은 주요 도시가 있으며, 남섬에는 서던 알프스를 중심으로 형성된 빙하 지형을 비롯하여 오염되지 않은 자연 경관이 아름답게 펼쳐져 있다.

예전에 영국의 식민지였던 뉴질랜드는 독립한 뒤에도 여전히 영국 연방의 일원으로 남아, 영국의 엘리자베스 2세 여왕이 국가 원수를 맡고 있는 입헌 군주국이다.

또 영국 국왕의 대행자인 총독이 5년의 임기로 파견되지만 이것은 정치적 상징일 뿐, 실제로는 뉴질랜드 내에서 선출된 총리와 내각이 이끄는 의원 내각제를 구성하고 있다.

지구 남반구에 위치한 뉴질랜드는 우리나라 계절과 반대로 12월에서 2월이 여름, 6월에서 8월이 겨울이다. 남극에 가까운 남섬이 북섬에 비해 추운 편이지만, 전체적으로 해양성 기후에 속해 1년 내내 온화한 편이다.

**뉴기니 섬**

뉴기니 섬은 두 개의 정치 단위로 나누어진다. 하나는 인도네시아의 통치를 받는 이리안자야 섬이고, 다른 하나는 독립국인 파푸아뉴기니이다. 파푸아뉴기니 사람들은 다양한 민족으로 구성되어 있어서, 사용하는 언어만 해도 700여 개나 된다.

이 뉴질랜드에 가장 많이 살고 있는 것은 사람이 아니라 양이다. 뉴질랜드는 국민 1인당 15마리의 양을 기르고 있다. 그래서 세계에서 모직물(양털로 만든 섬유)을 가장 많이 수출하는 나라로 꼽힌다. 남쪽 지방에는 산이 많아서 사람과 양들은 대부분 북부 지방에 살고 있다.

## 뉴질랜드가 세계 최초로 여자들에게 허용한 것은?

모직 스웨터가 아니라 선거권이다. 1893년 뉴질랜드를 시작으로, 1906년에는 핀란드가, 1918년에는 영국이, 1920년에는 미국이 여성들에게도 선거권을 주었다.

## 뉴질랜드와 아이슬란드의 공통점은?

둘 다 바이킹의 후손일까? 아니다. 두 나라의 공통점은 온천이 많다는 것이다. 아이슬란드처럼 뉴질랜드도 북쪽의 섬에서는 지금도 여전히 화산 활동이 일어나고 있다. 그래서 온천과 간헐천이 많다.

1. 오스트레일리아는 ______ 이다.
   ① 대륙 ② 나라
   ③ 섬 ④ 위의 것 모두

2. 다음 중 키위는 무엇을 뜻하는 것일까?
   ① 새 ② 과일
   ③ 뉴질랜드 사람 ④ 위의 것 전부 다

3. 오스트레일리아와 뉴질랜드 주변의 바다를 가장 잘 설명하고 있는 말은?
   ① 점 무늬 ② 줄 무늬
   ③ 격자 무늬 ④ 곡선 무늬

**문제 1번의 정답) ④**

오스트레일리아는 하나의 나라로 이루어진 유일한 대륙이자, 세계에서 가장 크기가 작은 대륙이다. 오스트레일리아는 극지방이 아니면서도 가장 낮고, 가장 평평하며, 가장 사람이 적게 사는 대륙이다. 그럼에도 불구하고 오스트레일리아가 사람들의 흥미를 끄는 것은, 다른 데서 볼 수 없는 특이한 동식물이 바로 이곳에 많이 살고 있기 때문이다.

**문제 2번의 정답) ④**

키위는 뉴질랜드에 있는 날지 못하는 새의 일종이다. 또한 뉴질랜드에서 가장 잘 자라는 과일의 이름이기도 하다. 요즘엔 뉴질랜드 사람도 키위라는 별명으로 부른다.

**문제 3번의 정답) ①**

오스트레일리아와 뉴질랜드 근처의 남태평양에는 25,000여 개의 섬이 점을 찍어 놓은 것처럼 널려 있다. 이 섬들을 모두 합쳐서 오세아니아라고 부른다. 이 섬들을 미크로네시아와 멜라네시아, 폴리네시아 등으로 구분한다. 일부는 프랑스와 미국을 비롯한 몇몇 나라의 통치를 받고 있는데, 그 가운데서 12개국은 독립국이다.

미크로네시아는 그리스 어로 '작은 섬'이라는 뜻이다. 이름 그대로 수백 개의 작은 섬들이 모여 있다. 대부분은 산호로 만들어진 환초(가운데에는 석호라는 부르는 바다가 있고, 주위는 고리 모양의 산호로 이루어진 섬)이다. 면적이 7,770km²이며, 인구가 130,000명이다. 멜라네시아는 이곳 사람들의 피부가 검어서 '검은 섬'을 뜻하는 말로 이름 지어졌다. 오스트레일리아에서 가장 큰 섬인 뉴기니의 통치를 받고 있다. 이 지역 인구의 80%가 뉴기니에 살고 있으며, 멜라네시아 땅의 93%가 뉴기니에 속해 있다. 폴리네시아는 그리스 어로 '많은 섬'을 뜻한다. 이곳은 2백만 명의 사람들이 살고 있는 수천 개의 화산 섬과 산호 섬으로 이루어져 있다. 아주 옛날 폴리네시아에 살았던 사람들은 바다를 건너온 선원들인데, 먼 거리를 항해해 오면서도 자신들이 발견한 것들을 하나도 기록해 놓지 않았다. 그래서 그들이 무엇을 발견했는지 전혀 알 길이 없다.

10

Don't Know Much About Planet Earth

# 나침반의 바늘은 남극에서도 북쪽을 가리킬까?

## 얼음 밑에 수많은 비밀을 간직하고 있는 남극 대륙

?!

남극 대륙

여러분이 남극 대륙의 해안가에 가려면 바람막이가 잘 되는 점퍼를 세 겹 정도는 입어야 할 것이다. 남극 대륙의 중심부는 중간 세기 정도의 바람이 불지만, 해안가로 갈수록 바람의 세기가 점점 더 강해져 태풍과도 같은 세기의 바람이 분다. 커먼웰스 만에서는 바람이 시속 300km의 속도로 불어 대는데, 지구상에서는 가장 센 바람이라 할 수 있다.

크기 **세계에서 다섯 번째로 큰 대륙** 13,209,000km²

가장 높은 산 **빈슨 대산괴** 4,897m

가장 낮은 지점 **벤틀리 서브글레이셜 트렌치**

**해수면 밑으로** 2,538m, **윗부분은 얼음으로 덮여 있다.**

가장 추운 곳 **보스토크 기지** 섭씨 −89,

1983년 7월 21일에 기록된 온도

## 남극의 인구는?

0명이다. 남극에는 도시도 없고, 계속해서 거주하는 사람도 없다. 펭귄조차도 1년의 대부분을 남극보다 더 따뜻한 곳에서 보낸다. 남극은 세계에서 가장 큰 냉장고이다. 지구상에서 가장 춥고, 바람이 많이 불며, 매우 건조한 대륙이기 때문이다.

바다표범과 고래, 갈매기 등과 같은 동물들이 물고기를 잡아먹으러 이따금 해안가로 가기는 한다. 그리고 이끼 종류와 몇몇 곤충류들이 살고 있다. 전 세계에서 온 과학자들이 남극의 동물들과 자원, 지리 등을 연구하기 위해 몇 달 동안씩 머무르기도 한다. 하지만 그들도 1년 내내 살지는 않는다.

## 언제부터 남극이 지도에 나타나기 시작했을까?

16세기에 남극이 발견되고 난 후부터 지도에 그려지기 시작했다. 2세기경 위대한 그리스의 지리학자 프톨레마이오스는 그때까지 알려져 있던 세계(유럽, 아시아, 아프리카 북부)에 관한 책을 썼다.

그 책에서 그는 테라 오스트랄리스 인코그니타(남쪽에 있는 미지의 땅)에 대해 적어 놓았다. 다른 철학자나 지리학자들과 마찬가지로, 북반구에 있는 대륙만 한 크기의 땅이 지구 전체의 균형을 맞추기 위해서 남반구에도 틀림없이 있을 것이라고 믿은 듯했다. 만약 그렇지 않다면, 지구는 균형을 잃고 한쪽으로 쓰러질 것이라 생각하고 있었던 것이다.

그 문제는 18세기에 와서야 풀렸다. 영국의 제임스 쿡이 비밀 임무를 띤 채 처음이자 마지막으로 남쪽으로 파견되었다. 쿡은 1768~1779년 사이에 세 번에 걸쳐 항해를 하였다. 그중 두 번은 남극 근처까지 접근했지만, 육지를 확인할 수 있을 만큼 가까이 가지는 못했다. 그래서 그는 결국 남극은 없다는 쪽으로 결론을 내려 버렸다.

그러다 1820년 미국의 고래잡이 어선 선장인 너대니얼 팔머에 의해 남극의 섬들이 발견되었다. 그 뒤, 같은 해에 러시아의 폰 벨링스하우젠 제독이 또다시 남극을 발견하였다.

"극 탐험은…… 사람을 곤경에 빠뜨리기 위한 방법 중 가장 깨끗하고 고독한 방법이다."

–앱슬리 체리-개라드, 《세계에서 가장 힘든 여행》 중에서.

## 남극은 왜 발견하기 힘들었을까?

너무나 춥기 때문이다. 여름에는 빙산이 떨어져 나와, 빙수 그릇 안의 얼음 조각들처럼 바다 위를 떠돌아다니기 때문에 배가 가까이 접근한다는 것은 어림도 없는 일이었다.

게다가 강한 폭풍과 안개까지 바다를 에워싸고 있어서 그것을 뚫고 항해한다는 것은 여간 어려운 일이 아니었다. 빙산은 자체로서도 위험했지만, 남극으로 가는 길목마다 떠다니고 있는 조각들이 더 큰 문제였다. 겨울이 오면 이 빙산 조각들이 다시 얼어붙고 그 위에 어둠이 깔리게 되기 때문이다.

## 겨울철에 남극에서 침을 뱉으면?

침이 땅에 닿기도 전에 얼어 버릴 것이다. 지구에서 가장 기온이 낮은 남극은 1983년 섭씨 -89°를 기록하였다. 겨울에는 보통 섭씨 -87°이고, 여름에는 온도가 올라가서 섭씨 -18° 정도가 된다. 남극은 북극보다 훨씬 더 춥다. 왜냐하면 북극은 고도가 해발 0m여서 해수면과 높이가 같지만 남극은 해발 1,980m로 지대가 높기 때문에 더 추울 수밖에 없다.

## 눈과 얼음은 어디에서 왔을까?

남극은 춥고 건조하며, 구름조차 거의 없는 극지방에 위치하고 있는 사막이다. 눈은 아주 조금만 내린다. 그렇지만 수천만 년 동안 내린 눈들이 녹지 않고 그대로 쌓여 있기 때문에 남극에는 눈과 얼음이 수없이 많다.

그리고 그동안, 수천만 년간 쌓인 남극의 눈을 녹일 수 있을 만한 그 어떤 특별한 일도 일어나지 않았다. 남극의 얼음덩이 속에는 고대 생물과 바위가 그대로 얼어붙어 있기 때문에, 과학자들은 거대한 얼음덩이를 파고들어 가 지구 탄생의 비밀을 알아내고 싶어 한다. 그런데 불행하게도 옛날에 쌓인 눈들과 달리, 최근에 쌓인 눈들은 다른 대륙의 공해와 오염 물질들을 포함하고 있어서 그것마저 쉽지 않게 하고 있다.

## 남극이 가장 좋아하는 모자는?

바로 얼음 모자이다. 남극은 평균 2,000m 두께의 얼음으로 덮여 있기 때문이다. 남극의 얼음 모자는 깊이가 대략 1,892~4,572m에 달한다. 지구상의 모든 담수(염분이 없는 물)를 다 모아 놓은 뒤, 이 얼음 모자로 덮는다 해도 자리가 남을 만큼 큰 크기이다. 이 얼음 모자의 가장 두꺼운 부분은 무려 4,776m에 이른다. 이것은 우리나라 서울에 있는 63빌딩의 18배에 해당한다.

## 얼음 밑에는 무엇이 있나?

믿기 힘들겠지만, 남극 대륙의 두꺼운 얼음 밑에는 가파른 산도 있고 호수도 있다. 심지어 활동 중인 화산도 있다. 남극에서 우리가 볼 수 있는 유일한 땅은 가장 높은 산의 꼭대기 정도이다. 그것도 여름철에 해안 가까이에 있는 얼음이 몇 킬로미터가량 녹아내릴 때라야 가능하다. 과학자들은 남극의 표면이 얼음 모자의 무게에 눌려서 약 600m 정도 내려앉아 있다고 측정하였다.

## 외계에서 온 생물들은 어디에서 발견할 수 있을까?

아마도 남극의 얼음 속에서 발견할 수 있을 것이다. 지금까지 16,000개가 넘는 운석이 남극의 얼음 속에서 발견되었다. 건조하고 추우며 변화가 거의 없는 남극의 기후 때문에 운석들이 비교적 완벽한 상태로 보존되고 있다. 과학자들은 이를 통해 태양계가 어떻게 생성되었는지에 관한 중요한 정보들을 얻을 수 있을 것이라 기대한다.

## 보이지는 않지만 세계에서 가장 큰 호수는?

남극의 얼음 밑에 있다. 1996년에 과학자들은 레이더 장비를 사용하여 얼음 아래로 4km가량 내려간 지점에서 거대한 물이 고여 있는 호수를 발견하였다. 폭이 64km, 깊이가 400m로 그 규모가 미국의 온타리오 호수와 비슷하다. 과학자들은 보스토크 호라 불리는 이 호수의 물이 50~100만 년가량 얼음 밑에 그대로 있었을 것이라 추측하고 있다.

그러나 아직까지 아무도 이 호수의 물이 얼지 않은 이유를 밝혀내지 못했다. 다만 땅속 깊이 있어서 지열 때문에 얼지 않았으리라고 짐작할 뿐이다. 또 그 위에 있는 얼음의 무게로 인한 압력에다, 공기와 접촉한 적이 없어서일 거라는 추측을 내놓는 사람도 있다.

이유야 어찌 되었든 생물학자들은 기뻐하고 있다. 1999년에 보스토크 호에서 미생물이 발견되었기 때문이다. 신기하게도 이곳의 지각 환경이 목성의 달인 유로파와 매우 비슷하다고 한다. 나사(NASA, 미 항공 우주국)에서는 2020년에 무인 유로파 탐사선을 발사할 계획이라고 하는데, 만약 유로파의 얼음 지각 아래쪽 바다에 미생물이 존재한다면 보스토크 호에 사는 미생물과 아주 흡사할 것으로 추측하고 있다.

## 세계에서 가장 큰 빙하는?

그것이 남극에 있을 거라 짐작하기는 쉽겠지만, 그 크기가 얼마나 되는지 상상하기란 쉽지 않을 것이다. 남극의 빙하는 대륙 전체의 얼음덩어리에서 떨어져 나온 것이기 때문에 그 크기가 한반도 전체만 하다.

2000년 초 과학자들은 남극의 로스 빙산에서 떨어져 나온 빙하를 역사상 가장 큰 것으로 기록했다. 물 위로 드러난 부분만 해도 우리나라 경상남·북도만 한 크기였는데, 물 위에 보이는 것의 10배나 더 큰 부분이 물 밑에 있기 때문이었다. 큰 빙하는 이렇듯 남극 근처에 많이 떠다니는데, 언제 서로 부딪쳐서 깨질는지 아무도 알 수가 없다.

## 남극에서는 왜 여름에 잠을 잘 수 없을까?

밤이 되어도 어두워지지 않기 때문이다. 남극의 여름에 해당되는 12월에는 해가 지지 않는다. 겨울에는 반대로 하루 종일 어둡다. 6월에는 전혀

해를 볼 수 없고, 5월과 7월에는 겨우 몇 시간만 해를 볼 수 있다. 여름과 겨울에 밤낮의 구분이 없이 하루 종일 밤이거나 하루 종일 낮인 것은 지구가 기울어진 채로 자전을 하고 있기 때문이다.

## 남극에는 정말로 남극을 표시하는 기둥이 있을까?

있기도 하고 없기도 하다. 남극에서 '극'이라는 말은 지구의 자전축 한 끝을 가리킨다. 자전축은 지구의 중심을 지나 위쪽과 아래쪽을 관통하는 상상의 선을 말한다.

이 축은 실제로 보이는 것이 아니기 때문에 극을 볼 수 있는 것은 아니다. 남극은 단지 남위 90° 인 곳의 지리적 위치를 일컫는 것이다. 하지만 이

곳이 남극임을 알리기 위해 사람들이 꽂아 놓은 줄무늬 기둥(이발소 앞에 세워진 줄무늬 기둥처럼 생겼다.)은 볼 수 있다.

## 나침반의 바늘은 남극에서도 북쪽을 가리킬까?

아니다. 남쪽, 정확히 말해서 자기 남극을 가리킨다. 지구는 두 개의 자극을 갖고 있다. 자극은 지구에서 자기장의 세기가 가장 센 지점을 말한다. 자기 북극과 자기 남극은 지도상에 나타나 있는 북극이나 남극과는 일치하지 않는다.

자기 남극은 실제로 남극의 커먼웰스 만에서 조금 떨어진 바다에 있는 점이다. 그렇다고 자기 남극이 계속 그 자리에 일정하게 있다는 것은 아니다. 여러 가지 이유들 때문에 자극은 조금씩 조금씩 움직이고 있다.

과학자들은 아직까지 왜 그러한 현상이 일어나는지 정확한 이유를 알고 있지 않지만, 지구 중심에서 일어나는 전기장의 변화와 관련이 있을 것이라고 추측한다.

## 북극과 남극 중 어느 곳에 사람이 먼저 도착했을까?

북극에 더 먼저 도착했다. 미국의 탐험가 로버트 피어리와 매튜 헨슨이 1909년 북극에 도착했다. 노르웨이의 탐험가 로알드 아문센도 피어리와 헨슨이 북극을 정복했을 무렵 북극을 향해 가고 있었다. 그런데 그는 피어리와 헨슨이 북극을 정복했다는 소식을 듣고는 갑자기 방향을 바꾸어 남극으로 향했다.

그때 영국의 탐험가 로버트 스콧 선장도 아문센과 동시에 남극을 정복하러 가고 있었다. 두 사람 다 최초의 남극 탐험이라는 영광을 자신의 조국에 바치고 싶었던 것이다. 그렇게 하여 두 사람의 스릴 넘치는 경주가 시작되었다.

아문센은 스콧보다 남극에 더 가까운 지점에 베이스 캠프를 차려서 남극까지 가는 길을 다소 줄이는 효과를 거뒀다. 하지만 그 앞에는, 남극까지 얼마나 남았느냐 하는 것보다 더 중요한 일이 기다리고 있었다. 피어리가 북극에 도달하기 위해서 그래야 했던 것처럼, 아문센도 남극에 발을 들여

지리에 관한 한마디

"1912년 3월 29일 목요일……, 우리는 며칠 전부터 16km가량 떨어져 있는 베이스 캠프를 향해 출발할 준비를 끝내 두었다. 그러나 천막 밖은 여전히 바람이 심하게 불고 있었다. 나는 상황이 더 나아지기를 바랄 수는 없다고 생각했다.
결국 오늘은 길을 떠나기로 결정을 내렸다. 우리는 수많은 어려움을 참고 견디지 않으면 안 되었다. 당연한 일이겠지만, 시간이 흐를수록 우리는 점점 더 약해져 갔다. 끝이 그다지 멀지 않았다. 많은 사람들이 이 글을 읽고 우리를 동정 어린 시선으로 바라볼 것만 같아서 더 이상 쓰고 싶지가 않다."
–죽은 뒤에 발견된 로버트 스콧의 일기 중에서.

놓기 위해서는 에스키모의 풍습을 따라야 했던 것이다.

그는 주저 없이 에스키모의 옷을 입고, 말 대신 개가 끄는 썰매를 탔다. 그랬기 때문에 스콧보다 더 빨리, 그리고 더 따뜻하게 앞으로 나아갈 수 있었다. 덕분에 아문센은 스콧보다 한 달가량이나 먼저 남극에 도착했다. 그 날이 1911년 12월 14일이었다.

그 사실을 뒤늦게 알고 실망한 스콧 일행은 그 길로 발길을 돌렸다. 그런데 돌아가는 길목에서 혹독한 폭풍을 만나, 베이스 캠프를 1km 남짓 앞둔 지점에서 굶주림과 추위로 죽고 말았다.

## 남극의 주인은 누구일까?

좋은 질문이다. 정답은 주인이 없는 것일 수도 있고, 7개 국일 수도 있다. 무엇보다 남극에는 영구적으로 거주하는 사람이 없다. 이 땅에 대한 권리를 당당하게 주장할 만한 근거를 가진 나라도 없다. 상황이 이렇자, 몇몇 나라들은 서로 자기 땅이라고 우겨 대면서 남극을 피자 조각처럼 몇 갈래로 나누었다.

몇몇 나라의 주장들은 어느 정도의 타당성이 엿보이기도 했다. 오스트레일리아와 뉴질랜드, 아르헨티나, 칠레 등은 자기 나라의 영토를 남쪽으로 넓히기 위해서 자기 땅이라고 주장했다.

노르웨이는 아문센이 최초로 남극에 도착했기 때문에 자기 땅이라고 주장했다. 영국도 스콧이 아문센의 뒤를 이어 남극에 도착했기 때문에 권리를 주장할 수 있다고 했다. 프랑스도 자신들의 권리를 주장했는데, 가장 말이 안 되는 이유를 내세우며 억지를 부렸다.

그 외 우리나라와 일본, 미국 등을 포함한 8개 국에서도 남극에 연구 기지를 갖고 있다. 하지만 이들은 땅에 대한 소유권을 주장하지는 않는다.

1959년 12개의 나라가 모여 남극에 대한 소유권 주장을 그만두고, 평화적이고 과학적인 목적으로만 이용하겠다는 내용의 남극 조약에 서명하였다. 그 이후 많은 나라들이 이 조약에 가입하였고, 1991년 남극에서 광물자원을 캐지 못하게 하는 내용의 다른 조약도 체결이 되었다.

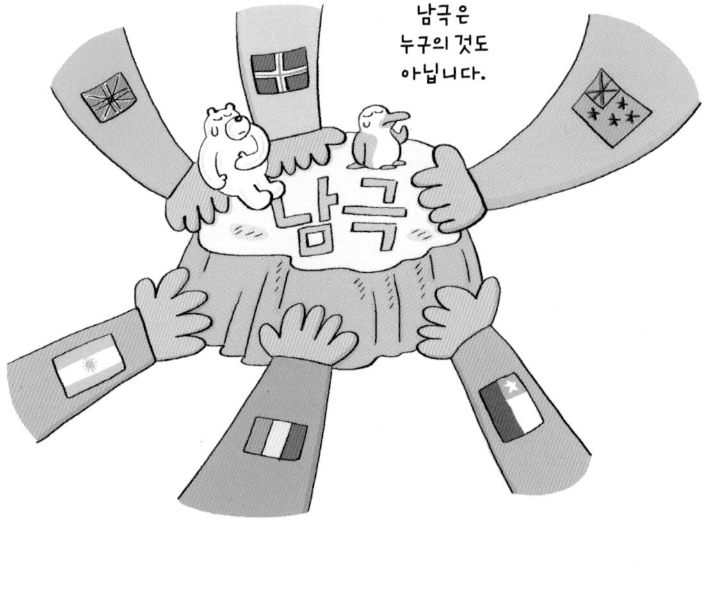

## 남극의 하늘에는 구멍이 뚫려 있다는데?

잘 보이지는 않지만 하늘 한가운데에 큰 구멍이 있다. 지표면으로부터 약 16~48km가량 떨어진 곳에 있는 오존층에 이 구멍이 있다. 이 현상은 대개 봄에 관찰되며 대략 6~7개월간 계속된다. 오존은 산소의 한 종류인데, 지표면 근처에서 유독한 공해 물질과 만날 경우 스모그를 일으키기도 한다.

그러나 지표면에 서 멀리 떨어져 있는 오존은 얇게 층을 이루어, 태양으로부터 나오는 해로운 빛(자외선)을 막아 주는 방패 역할을 하기도 한다. 오존이 전혀 없다면 우리는 벌써 오래전에 죽었을 것이다. 오존이 줄어들게 되면 농작물과 각종 식물들이 피해를 입을 뿐 아니라, 사람들도 피부암이나 시각 장애 같은 질병들을 일으킬 확률이 높아지게 된다.

오존층의 구멍은 대개 냉장고나 분사 스프레이 통과 같은 제품들에서 나오는 화학 물질 때문에 생긴다고 알려져 있다. 대부분의 나라에서는

**세종 기지**

1988년 2월에 건설한 대한민국 남극 세종 과학 기지로, 1988년 2월 17일 세계에서 16번째로 준공되었다. 세종 기지는 남셰틀랜드 군도에서 제일 큰 섬인 킹조지 섬과 넬슨 섬으로 둘러싸인 맥스웰 만에 있다. 남미 끝에서 1,200km, 서울에서 직선 거리로 약 1만 7,000km 떨어져 있는 남위 62° 15′ 서경 58° 45′ 위치로, 우리나라와는 지구의 거의 반대편이다. 세종 기지는 겨울을 포함해 1년 내내 운용되는 상주 기지다.

남극은 천연가스·석유·철광석 등 막대한 양의 천연자원과 크롤새우 등 수산자원이 풍부하고 기상학·생물학·지구물리학 등 기초 과학 분야의 거대한 실험장이란 점에서 세계 각국이 앞 다투어 기지를 건설하고 있다.

한편, 우리나라는 남위 74도, 동경 164도에 위치한 테라노바 베이 근처에 2014년 완공을 목표로 제2남극 기지인 장보고 과학 기지 건설을 위해 2012년 1월 17일 본격적인 공사에 들어갔다.

이 화학 물질의 사용을 금하고 있지만, 아직도 예전의 지구 상태로 돌려놓으려면 100년 이상의 시간이 필요하다고 한다.

## 우주선 지구호는 어디로 향하고 있을까?

우리가 살고 있는 우주선 지구호는 매우 소중한 동시에 망가지기 쉬운 물체이다. 우리가 지구를 보호하기 위해 어떻게 하는 것이 좋은지에 대해서는 뭐라고 딱 잘라 말할 수 없다. 그러나 한 가지 분명한 점은, 지구를 보존하기 위해 최선을 다해야 한다는 것이다.

지리학자이자 지도 제작자이며 발명가인 벅민스터 풀러는 이런 말을 한 적이 있다.

“우주선 지구호에 관한 가장 중요한 사실 한 가지는, 지구호에 대해 정확하게 기술한 지침서가 없다는 것이다.”

**남극과 북극의 차이점은?**

- 북극은 바다이고, 남극은 빙하 대륙이다.
- 북극은 남극에 비해 상대적으로 따뜻하다.
- 남극에는 펭귄이 있고, 북극에는 흰 북극곰이 있다.
- 두 군데 다 나무나 꽃이 없다.

지침서는 우리가 써 나가야 한다. 그렇게 하기 위하여 우리는 사물이 어디에 있고, 또 왜 거기에 있는지, 어떻게 거기에 있게 되었는지와 같은 지리와 관련된 질문들을 가능한 한 많이 하고 또 그만큼 많이 공부해야 한다.

최초의 인간이 지도를 그렸을 때로부터 시작하여 우리 조상들은 지침서 만드는 일을 계속해 오고 있다. 지금도 누군가가 그 임무를 계속하고 있을 것이다. 지구에 대해 많이 알면 알수록 3000년 후에 일어날 일에 대해 대응을 더 잘 할 수 있을 것이다.

그러나 우리가 아무리 많이 배웠다고 하더라도, 지구는 너무나 넓기 때문에 탐험해야 할 새로운 장소를 남겨 두고 있다. 물어봐야 할 것들이 여전히 많이 남아 있다는 얘기다.

| 부록 |

Don't Know Much About Planet Earth

# 역사상 중요한 사건들

?!

책임

강대국의 책임은 세계를 지배하는 것이 아니라 세계에 봉사하는 것이다. – 해리 트루먼, 미국의 제33대 대통령

아하,
그렇구나.

## 역사상 중요한 사건들 》》》

BC 10000~8000 서아시아에 최초의 마을이 만들어짐.

5000 메소포타미아에 있는 강에서 배가 사용됨.

2800~1500 스톤헨지가 만들어짐. 스톤헨지는 영국에서 종교적인 목적과 천문 시계로 사용되었던, 돌로 만든 기둥임.

2300 메소포타미아에서 라가시 시의 지도가 만들어짐.

2000 중국 북부 지방에 담이 있는 집이 생겨남.

1800 안데스 산맥에 피라미드 형태의 신전이 만들어짐.

1600 태평양 연안의 섬들이 식민지로 바뀜.

1500 멕시코에서 올멕 문화가 시작됨.

900 바빌로니아 사람이 최초의 세계 지도를 만듦.

850 호메로스가 지리에 관한 최초의 책 《오디세이아》를 씀.

750 그리스의 도시와 국가가 지중해 전체로 확대됨.

600 아프리카의 고대 도시 메로에가 철 제련과 무역의 중심지가 됨.

530 그리스의 피타고라스 학설을 신봉하는 사람들이, 지구는 원반형이 아니라 둥근 공 모양이라고 가르치기 시작함.

320~310 아리스타르코스가 지구는 태양을 돌고 있다고 말함.

240 에라토스테네스가 지구의 둘레를 계산함.

214 중국의 만리장성이 건설되기 시작함.

190~120 그리스의 천문학자 히파르코스가 최초로 위도와 경도를 사용함.

112 중앙아시아를 가로지르는 비단길이 뚫려, 중국과 유럽 사이의 무역이 시작됨.

10 그리스의 지리학자 스트라보가, 지중해 사람들이 알고 있던 세계에 관해 《지리》(전17권)라는 책을 씀.

AD 100 로마 황제의 권위가 최고조에 달함.

130 프톨레마이오스가 자신이 만든 책에서 북쪽을 지도의 위쪽에, 그리고 태양계의 중심에 지구가 있다고 기술함.

271 중국에서 자석을 이용한 나침반이 사용됨.

618 중국에 당나라가 세워지면서 비단길을 관장하기 시작함. 수도 장안에는 100만 명이 넘는 사람들이 모여 살았음.

700 미국 남서부에 푸에블로 마을이 생김.

1000 바이킹들이 북아메리카의 일부 지역을 식민지로 만듦.

1095 십자군 원정이 시작되어, 동양과 무역 거래가 활발해짐.

1206 몽고족 칭기즈 칸에 의해 아시아 정복이 시작됨.

1275 마르코 폴로가 중국에 도착함.

1325 아프리카의 탐험가 이븐 바투타가 아프리카와 아시아로의 탐험을 시작함.

1440 포르투갈의 엔리케 왕자가 아프리카를 탐험하기 위해 사람을 보냄.

1444 포르투갈 사람들이 아프리카 원주민 노예를 처음으로 유럽에 데려옴.

1487 바르톨로뮤 디아스가 아프리카 남단을 돌아서 항해함.

1492 크리스토퍼 콜럼버스가 카리브 해에 도착함.

1497 영국의 존 캐벗(이탈리아 태생)이 남아메리카 뉴펀들랜드에 도착함.

1497~8 바스코 다 가마가 유럽 인 최초로 배를 타고 인도에 갔다가 돌아옴.

1499 아메리고 베스푸치가 아메리카 대륙에 도착함.

## 역사상 중요한 사건들 》》

1505 포르투갈 사람들이 동아프리카에 무역 센터를 설치함.

1507 발트제뮐러가 아메리고 베스푸치의 이름을 따서 신대륙을 아메리카라고 함.

1513 에스파냐 사람 바스코 누녜스 데 발보아가 유럽 인 최초로 태평양을 발견함.

1519~22 페르디난드 마젤란의 배가 최초로 세계 일주에 성공함.

1521 에스파냐 사람 에르난 코르테스가 아스테크의 수도 테노치티틀란을 점령함.

1532 에스파냐의 프란시스코 피사로가 페루의 잉카 문명을 정복함.

1543 폴란드의 천문학자 니콜라우스 코페르니쿠스가, 지구가 태양을 돌고 있다고 말함.

1577~80 프랜시스 드레이크가 영국인 최초로 세계를 일주함.

1584 영국의 탐험가 월터 롤리가 미국 버지니아 주에 식민지를 건설하려다 실패함.

1588 영국의 해군이 스페인의 무적 함대를 격퇴하고 바다를 지배하기 시작함.

1606 네덜란드의 항해사들이 오스트레일리아의 해안을 관찰함.

1607 북아메리카로 온 영국 이주민이 버지니아 주 제임스타운에 정착함.

1609 망원경이 발명됨. 갈릴레오는 이것을 이용하여 지구가 태양을 돌고 있다고 확신함.

1620 영국의 순례자들이 메이플라워호를 타고 매사추세츠 주로 출발함.

1645 네덜란드의 항해사 아벨 타스만이 오스트레일리아를 항해하고 뉴질랜드를 발견함.

1675 영국에서 그리니치 천문대가 건설되어 세계 과학의 중심지가 됨.

1772 영국의 제임스 쿡이 남극 대륙 탐사를 위해 파견됨. 남극 대륙 발견에는 실패했지만, 오스트레일리아를 답사하는 성과를 얻었음.

1803 미국의 대통령 토머스 제퍼슨이 '루이지애나 거래'를 통해, 프랑스로부터 거대한 땅을 구입하여 미국 면적을 두 배로 늘여놓음.

1804~6 루이스와 클라크가 북아메리카 서쪽을 가로지르는 태평양 항로를 개척함.

1825 최초의 철도가 영국에서 운행되기 시작함.

1830 세계 인구가 10억 명이 됨.

1831~36 영국의 자연 과학자 찰스 다윈이 남아메리카 해안을 항해하고 진화론을 주장함.

1841~73 스코틀랜드의 선교사 데이비드 리빙스턴이 아프리카 내륙 탐험을 시작함.

1848~49 캘리포니아 주의 금광을 찾아 수만 명의 사람들이 미국 서부로 이동함.

1854 미국의 매튜 페리 제독이 일본을 서구 사람들에게 개방시킴.

1856 에베레스트 산이 세계에서 가장 높은 산이라는 사실이 밝혀짐.

1869 미국 대륙 횡단 철도가 '골든 스파이크'에서 완공됨.

1869 지중해와 흑해를 잇는 수에즈 운하가 개통되어, 영국과 인도 사이를 6,400km 단축시켜 줌.

1903 라이트 형제가 만든 최초의 비행기가 북캐롤라이나 주 키티호크에서 이륙함.

1909 미국의 탐험가 로버트 피어리와 그의 조수 매튜 헨슨이 북극에 도착함.

1911 노르웨이의 탐험가 로알드 아문센이 영국의 스콧보다 한 달 먼저 남극에 도착함.

1913 그리니치 천문대를 지나는 경선이 본초 자오선으로 인정됨.

## 역사상 중요한 사건들 》》

1914 대서양과 태평양을 잇는 파나마 운하가 개통되어 항해 거리가 약 12,900km 단축됨.

1914~18 제1차 세계 대전으로 유럽과 식민지의 국경이 변경됨.

1917 모스크바와 동해를 연결하는 세계 최장 길이의 시베리아 횡단 철도가 건설되면서 시베리아 개발이 시작됨.

1922 소비에트 사회주의 공화국 연방이 생김.

1925 아프리카에서 최초의 인류인 오스트랄로피테쿠스의 두개골이 발견됨.

1927 미국 비행사 찰스 린드버그가 스피리트 오브 세인트 루이스호를 타고 단독으로 대서양 횡단 비행에 성공함.

1939~45 제2차 세계 대전이 일어남.

1945 UN(국가 연합)이 결성됨.

1948 이스라엘이 독립함.

1953 뉴질랜드의 에드먼드 힐러리가 에베레스트 산 등정에 성공함.

1957 최초의 우주선 스푸트니크 1호가 소련에서 발사됨.

1961 소련의 우주 비행사 유리 가가린이 최초로 우주 비행에 성공함.

1964 이집트의 관개 시설과 수력 발전을 위해 나일 강의 아스완 댐이 준공됨. 이후 나일 강 유역의 생태계에 변화를 가져옴.

1969 미국의 닐 암스트롱 등이 인류 최초로 달에 착륙함.

1970 환경 보호를 위한 지구의 날이 제정됨.

1975 세계 인구가 40억 명이 됨.

1984 남극 대륙 상공의 오존층에서 구멍이 발견됨.

1984 시베리아를 연구하는 소련의 과학자들이 지구에서 가장 깊은 구멍을 뚫음.

1990 남아프리카의 인종 차별이 철폐됨.

1990 우주의 끝 부분을 보기 위하여 허블 우주 망원경이 설치됨.

1990 월드 와이드 웹(WWW)이 만들어져 인터넷이 가능하게 됨.

1991 소련이 해체됨.

1992 유고슬라비아가 5개 나라로 분리됨.

1999 세계 인구가 60억 명이 됨.

2001 미국에서 9·11 테러가 일어남. 이 테러로 뉴욕 무역 센터 건물이 붕괴되었으며, 배후는 이슬람 과격 단체인 알 카에다로 밝혀짐.

2003 이라크 전쟁이 일어남. 9·11 테러를 계기로 미국이 이라크를 공격함.

2011 일본에 대지진이 일어나 수많은 사람들이 목숨을 잃었으며, 이 지진으로 후쿠시마 원전이 폭발함.

2012 세계 인구가 70억 명이 됨.

그린이 심차섭

여러 잡지와 각종 포털에 재치 넘치는 카툰을 꾸준히 연재하고 있으며, 제2회 서울 국제 만화전 은상과 유니텔 사이버 만화 공모전 대상, 그리고 서울문화사 만화 공모전 동상을 수상했다. 지은 책으로 《심차섭의 카툰 세이》《두지야, 나랑 놀자!》《한자 도둑》《10원이 황금알을 낳는 경제 이야기》 등이 있다.

말랑하고 쫀득~한
# 세계 지리 이야기

첫판 1쇄 펴낸날 2003년 10월 27일
46쇄 펴낸날 2012년 5월 23일
개정판 1쇄 펴낸날 2012년 11월 30일
16쇄 펴낸날 2021년 10월 25일

**지은이** 케네스 C. 데이비스 **옮긴이** 노태영
**그린이** 심차섭 **감수** 송치중
**발행인** 김혜경 **편집인** 김수진
**주니어 본부장** 박창희
**편집** 길유진 진원지 강정윤
**디자인** 전윤정 정진희
**마케팅** 이상민 강이서
**경영지원국** 안정숙
**회계** 임옥희 양여진 김주연

**펴낸곳** (주)도서출판 푸른숲
**출판등록** 2003년 12월 17일 제2003-000032호
**주소** 경기도 파주시 심학산로 10, 우편번호 10881
**전화** 031) 955-9010 **팩스** 031) 955-9009
**홈페이지** www.prunsoop.co.kr **이메일** psoopjr@prunsoop.co.kr


ISBN 978-89-7184-956-9 44080
978-89-7184-390-1 (세트)

* 잘못된 책은 구입하신 서점에서 바꾸어 드립니다.
* 본서의 반품 기한은 2026년 10월 31일까지입니다.